# La República de VENEZUELA C. A.

*¿Una guía para el futuro?*

ORIGINAL DE

Antonio J. González-Fernández®

EDITADO POR
**DOCUMENTOS DIGITALES ORIGINALES – DocDigOri®**

GUANARE, 3 de mayo de 2022

© *Copyright*

Autor: Antonio J. González-Fernández

Título: **La República de VENEZUELA c.a.**

Subtítulo: *¿Una guía para el futuro?*

Editorial: DOCUMENTOS DIGITALES ORIGINALES – DocDigOri®

Ciudad: Guanare – VENEZUELA.

Fecha: 3 de mayo de 2022

### IMAGEN DE LA PORTADA EXTERNA

**Mapa de la República de VENEZUELA c.a.**
después de la recuperación del territorio en reclamación,
el cual fue integrado al país formando parte de dos estados:
el Estado Esequibo y el Estado Atlántico.

### IMAGEN DE LA PORTADA INTERNA

**Escudo Nacional de la República de VENEZUELA c.a.**
con el caballo blanco que simboliza la Libertad, que ahora no
galopa hacia la izquierda ni hacia la derecha; sino de frente,
en coherencia con su simbolismo, ejerciendo para sí mismo
la Libertad, abandonando el cuartel del Escudo
donde estuvo cautivo desde 1836.

**Los rayos dorados no son parte del Escudo Nacional.**

**BIEN HECHO EN**

# DEDICATORIA

A mi país VENEZUELA y a sus espacios naturales: montañas, valles, llanos, islas, ríos, esteros, playas y mar, con toda su riqueza en recursos de la biodiversidad y minerales.

A los héroes del pasado histórico y del pasado reciente que dedicaron y rindieron sus vidas luchando por construir una patria digna.

A todos mis compatriotas, tanto a los que aún continúan aquí, como a quienes emigraron. También a los extranjeros que vinieron a forjar con su trabajo esta Patria.

Dedico este libro a mi hijo, Antonio José, y a todos los venezolanos del futuro, con la esperanza de que ellos sí logren vivir en ese futuro que yo me imagino.

# AGRADECIMIENTO

*A VENEZUELA por ser mi mayor fuente de inspiración y el asidero de mis esperanzas.*

# CONTENIDO

                                              pág.

| | pág. |
|---|---|
| **Portada Interna** | i |
| ©*Copyright* | ii |
| **DEDICATORIA** | iii |
| **AGRADECIMIENTO** | v |
| **CONTENIDO** | vii |
| **PREFACIO: LA DEMOCRACIA** | ix |
| **La República de VENEZUELA c.a.** | 1 |
|     Presentación | 1 |
|     La Historia | 2 |
|     El Futuro | 6 |
|     ¿Una República c.a. privada? | 11 |
|     El Sistema de Gobierno Empresarial | 37 |
|     Metamorfosis Profunda | 50 |
| **CONCLUSIONES** | 56 |
| **EPÍLOGO** | 57 |
| **OTRAS PUBLICACIONES DEL AUTOR** | 59 |

# PREFACIO

# LA DEMOCRACIA

El concepto de democracia se originó hace aproximadamente 2530 años en la antigua Grecia donde los ciudadanos tomaban las grandes decisiones reunidos en asamblea. Al político CLÍSTENES (570-507 a. C.) se le atribuye el establecimiento de las bases democráticas en el gobierno de Atenas. Sin embargo, debemos tener presente que en aquella época sólo eran considerados «ciudadanos» los varones adultos, libres y nacidos en Atenas. Las mujeres, los esclavos y los extranjeros no eran ciudadanos y, por lo tanto, no formaban parte de las asambleas.

El sabio PLATÓN primero (427-347 a. C.) y posteriormente, el filósofo ARISTÓTELES (384-322 a. C.) definieron y profundizaron en la descripción de las tres formas básicas de gobierno:

- **Monarquía:** En este sistema de Estado y de gobierno, el poder por definición es ejercido por una sola persona [mono (único) + *arkhein* (mandar, guiar, gobernar) = monarquía (gobierno de uno sólo)]. Generalmente el monarca recibe el poder por herencia del monarca anterior.

- **Aristocracia:** Es el gobierno de unos pocos, seleccionados teóricamente por sus méritos, capacidades, conocimientos y habilidades para ejercer cargos de gobierno. Es el gobierno supuestamente de «los mejores» que eran «los menos» porque en aquellos tiempos antiguos eran muy pocas las personas estudiadas o filósofos; razón por lo cual este sistema concentraba el poder en una pequeña clase social representada por los «sabios».

- **Democracia:** Es el gobierno de muchos o de «todos», mediante la selección de gobernantes y toma de decisiones de forma colectiva. En este sistema se imponen las decisiones de la mayoría, aunque no sean las más correctas o idóneas.

ARISTÓTELES, hace más de 2300 años, definió las principales formas de gobierno que se originan de la degradación de las formas anteriores y son respectivamente, entre otras variantes:

- **Tiranía:** El gobierno de una sola persona que ha obtenido o asumido el poder de forma ilegítima, derrocando al gobernante anterior y ejerciéndolo de forma abusiva, violenta y represiva contra cualquier persona o movimiento opositor.

- **Oligarquía:** Es el gobierno de varias personas de un mismo grupo, bien sea por parentesco, por clase social o por alguna afinidad que puede ser religiosa, racial, económica o ideológica; sin que se consideren sus méritos reales para ejercer los cargos de gobierno.

- **Demagogia:** Es el sistema que resulta de la aplicación de <u>estrategias populistas</u> para alcanzar y mantenerse en el poder. Generalmente conduce a la instauración de tiranías que pueden contar al principio con sólido apoyo popular, basado en la aceptación y creencia en las promesas de cambio surgidas de las estrategias utilizadas para conseguir el apoyo popular y el poder político. Esas estrategias consisten en apelar a prejuicios, emociones, miedos y esperanzas del pueblo para ganar apoyo popular, frecuentemente mediante el uso de la retórica, la mentira, la desinformación, la división social, el fomento y aprovechamiento de la ignorancia del pueblo; modernamente utilizando masivas campañas publicitarias.

Otras variaciones y degradaciones de las formas de gobierno son:

- **Oclocracia:** Este término fue propuesto por el historiador POLIBIO (200-118 a. C.) para denominar el «gobierno de la muchedumbre». Según la visión aristotélica clásica, es una de las tres formas específicas en las que puede degenerar la democracia. En este caso se entiende por muchedumbre al populacho o la chamuchina que es la porción más baja de la plebe.

En Venezuela, debido a ineficiencias de los gobiernos democráticos entre 1958 y 1998, la clase social de *«los que no tienen nada que perder»*, la chamuchina, se fue haciendo cada vez más numerosa. En las elecciones de 1993 tuvieron el primer aglutinamiento importante que se denominó «el chiripero» y con apoyo de distinguidos y notables personajes como periodistas, políticos y empresarios, entre estos varios propietarios de importantes medios de comunicación, lograron llegar al poder legítimamente con el tristemente célebre Dr. Rafael CALDERA como Presidente de la República. Este gobierno no solo sobreseyó las causas a los golpistas de 1992, sino que en 1997 estableció la nueva Ley Orgánica del Sufragio y Participación Política, con la cual se transformó el antiguo Consejo Supremo Electoral en el nuevo Consejo Nacional Electoral, al cual le designaron nuevas autoridades… –¿Estaba CALDERA preparándole el camino al «triunfo avasallante» de su ahijado, el golpista Hugo Rafael CHÁVEZ FRÍAS?

En 1998, el populacho y gran parte de la sociedad se volcó a apoyar al militar golpista surgido intempestivamente en 1992. Con asesoramiento de la satrapía del régimen cubano utilizó un discurso populista que ofrecía soluciones a diestra y siniestra. Así logró arrasar en las elecciones y el 2 de febrero de 1993 asumió la Presidencia de la República de Venezuela el teniente coronel golpista **Hugo Rafael CHÁVEZ FRÍAS**.

Se apoderó del poder e instauró un gobierno de corte socialista-comunista que destruyó totalmente la economía del país. Con el masivo apoyo popular que tenía al principio, en especial de las clases más desposeídas, este régimen al principio parecía una oclocracia. Sin embargo, a medida que se fueron deteriorando las condiciones de vida de toda la población (no sólo de los ricos que era lo que aspiraban los pobres más resentidos), fue perdiendo popularidad y a partir de 2007 aproximadamente se hizo evidente que realmente se trata de un gobierno de hampones o delincuentes que se han valido de fraudes electorales, corrupción desmedida, narcotráfico rampante, militarismo extremo, medidas populistas y represión cruel para sostenerse en el poder hasta hoy; a pesar de que Hugo CHÁVEZ FRÍAS supuestamente falleció a finales de 2012 o a principios de 2013.

PLATÓN escribió hace 2400 años, que un Estado debería ser conducido o gobernado como si fuese un barco:

—*«En un barco no debería ser capitán el más fuerte, pues no por tal condición se conocen mejor la ruta, ni la navegación».*

Eso sería una TIRANÍA o una dictadura por la imposición del más fuerte.

—*«En un barco no debería ser capitán el más rico, pues no por tal condición se conoce mejor la ruta, ni se saben sortear los peligros de la navegación».*

Este es el caso de una PLUTOCRACIA donde el poder económico asume o controla el gobierno, aunque este sea electo democráticamente, corrompiéndolo para ajustarlo a sus intereses.

—*«En un barco tampoco debería ser capitán el más popular, porque ni las creencias populares son siempre correctas, ni ser popular significa que se sea un buen conocedor de la ruta o de la navegación».*

Este es el caso de la DEMOCRACIA que es el sistema que actualmente predomina a nivel mundial. Las masas, por ignorantes o poco instruidas, suelen ser incapaces de elegir los supuestos «mejores gobernantes».

Por eso PLATÓN sostenía que los tres sistemas anteriores eran inútiles o ineficientes, porque las bases fundamentales que los sustentan son ilógicas y no aseguran buenos gobernantes, ni buenos resultados.

— *«Quien debe tomar las decisiones en un barco es quien conozca mejor la ruta y domine mejor las artes de navegación. Quien sea el más experto navegante y mejor conocedor del área a navegar debería ser el capitán».*

Este sistema es el que se conocía antiguamente como ARISTOCRACIA (gobierno de los mejores) o SOFOCRACIA (gobierno de los sabios):

- **Sofocracia:** Es el gobierno de los sabios, originalmente conocido como «aristocracia» que era el «gobierno de los mejores». Fue el sistema político defendido por PLATÓN en su obra «La República». En este sistema, gobernarían los pertenecientes a una «clase de oro» formada únicamente por los sabios o filósofos (en griego: «amantes de la sabiduría»), quienes se consideraba tenían los saberes necesarios para decidir sobre el resto del pueblo, guiándolo *«como un capitán gobierna a un barco»*, pues sólo los sabios conocían bien la realidad, a diferencia de los poderosos en otros sistemas conocidos que se basan en argumentos erróneos como la fortaleza, la riqueza o la popularidad.

Esta lógica y razonamiento de PLATÓN renació dos milenios más tarde con la Tecnocracia del siglo XX:

**Tecnocracia:** Luego en el siglo XIX renació como TECNOCRACIA que significa literalmente «gobierno de los técnicos» y se deriva de los vocablos griegos *«tékhnē»* (arte, técnica) y *«krátos»* (poder, dominio, gobierno). Se ha relacionado la tecnocracia con el uso del método científico para resolver los problemas de la política. En vez de basar sus decisiones en convicciones ideológicas, se favorece la acción orientada a resultados y basada en datos empíricos. El tecnócrata es o se asocia con un científico o profesional de alguna especialidad. El término tecnocracia fue originalmente utilizado para designar la aplicación del método científico a la resolución de problemas sociales, en contraposición a los enfoques económicos, políticos o filosóficos tradicionales. En la actualidad lo conocemos como MERITOCRACIA que es el gobierno de quienes tienen méritos para gobernar; entendiendo por méritos la suma de conocimientos, habilidades, experiencias, esfuerzos... –¡Y probidad!

A medida que se van presentando desviaciones de los modelos de sistemas de gobierno, han ido surgiendo nuevos términos para identificar los sistemas de gobierno que van apareciendo con características comunes, tales como:

- **Plutocracia:** Del griego *«ploutos»* (riqueza) y *«krátos»* (poder), es una forma de oligarquía en la que una sociedad está gobernada o controlada por la minoría formada por los miembros más ricos. El primer uso conocido de este término se debe al historiador y filósofo griego JENOFONTE (431-354 a. C.). Al contrario de otros sistemas como la democracia, el capitalismo, el socialismo o el anarquismo, la plutocracia no se fundamenta en ninguna teoría de filosofía política. El concepto es habitualmente empleado en un sentido peyorativo para prevenir de los riesgos de un sistema de gobierno excesivamente influenciado por los estratos más acaudalados de una sociedad. En ese sentido, la plutocracia se presenta como una síntesis crítica de los riesgos que puede correr la democracia debido al sufragio universal y al parlamentarismo, cuyo funcionamiento puede verse excesivamente distorsionado por efecto o presiones de los mayores poderes económicos de la sociedad.

- **Cleptocracia:** Es un término derivado del griego *«clepto»* (robo, ladrón) y *«krátos»* (fuerza, dominio, gobierno). Se aplica este término al establecimiento de un «gobierno de hampones» que basa el desarrollo del poder basado en el robo de capital, institucionalizando la corrupción y sus derivados como el nepotismo, el clientelismo político, el narcotráfico y/o el peculado, de forma que estas acciones delictivas quedan impunes debido a que todos los sectores del poder están corruptos, desde la justicia, funcionarios de la ley, militares y todo el sistema político y económico. Es un término de reciente acuñación y se suele usar despectivamente para decir que un gobierno es corrupto y ladrón.

- **Lococracia:** En inglés *«crazycracy»*, es un término surgido también recientemente y tiene dos acepciones en los cuales se aplica, en algunos casos simultáneamente:

1. - Sistema de gobierno en la que uno, varios o muchos dementes ejercen el poder sometiendo al pueblo a sus desvaríos.

2. - Predominio de la irracionalidad en la toma de decisiones del gobierno de un Estado que afectan negativamente al pueblo y a la supervivencia misma del Estado.

Una lococracia puede llegar a convertirse es un «Estado forajido», los cuales son definidos como aquellos que tienen gobiernos ineficientes o fracasados que realizan o permiten la violación de los derechos humanos, la corrupción, la violación del imperio de la ley y son incapaces de sostener el orden legal interno, de suministrar eficientes servicios públicos, manipulan la administración de justicia, impiden la cohesión social, carecen de legitimidad democrática, evitan la rendición de cuentas y tienen debilidad económica, política y social para mantener la gobernabilidad, actúan bajo la égida de la represión y aplicación del terrorismo de Estado, quedando inmersos en la corrupción y el crimen organizado. Esta descripción se asemeja mucho con lo descrito anteriormente para la cleptocracia, debido a que corrientemente la demencia o irracionalidad de los gobernantes se expresa principalmente en ineptitud para gobernar, corrupción desenfrenada y el excesivo uso del populismo o demagogia como política de Estado para mantenerse en el poder.

En Venezuela, la oclocracia que se inició en 1998 en pocos años le dio paso primero a una lococracia en la cual parecían predominar la irracionalidad e ineptitud de los gobernantes. Sin embargo, esa aparente irracionalidad no se debía realmente a su ineptitud o incapacidad, sino a la superposición de otros objetivos individuales de quienes ejercieron cargos en el gobierno en prácticamente todos los poderes del Estado: el saqueo del país a favor de la satrapía cubana y el enriquecimiento personal sin límites. En la actualidad el régimen venezolano se ha convertido sin duda en una voraz cleptocracia que ha arrasado con todo el patrimonio e institucionalidad del país.

---

El concepto original de democracia evolucionó mucho a lo largo de estos más de dos mil años, pero especialmente luego de la Revolución Francesa a finales del siglo XVIII y se fue convirtiendo en el sistema predominante en la mayoría de los países del mundo occidental, aunque con muchas variaciones entre ellos.

En los tiempos antiguos, incluso durante la Revolución Francesa y hasta mediados del siglo XIX, cuando no existían medios masivos de comunicación rápida como son la radio, televisión e Internet; la única manera de que una persona aglutinara el favor del apoyo popular para ganar una elección nacional era mediante una larga y trascendental trayectoria que lo hiciera previamente conocido y valorado positivamente por la mayor parte de la población del país, <u>antes de ser candidato</u>.

Con el desarrollo de los medios de comunicación masiva e instantánea, además del perfeccionamiento de las ciencias de la publicidad y más recientemente de la neurolingüística, las bases fundamentales de la democracia se han visto severamente afectadas, principalmente el paradigma de que el sufragio universal asegura la selección de los gobernantes más idóneos porque la mayoría siempre tiene la razón. En Venezuela, en las elecciones presidenciales de 1983, ganó el Dr. Jaime LUSINCHI y su principal contendor fue el Dr. Rafael CALDERA, quien al reconocer la derrota dijo una célebre frase: «*El pueblo siempre tiene la razón*». Luego en 1993 resultó electo ese mismo Dr. CALDERA y en 1998 el golpista Hugo CHÁVEZ FRÍAS, con lo cual podemos enmendar la frase y decir ahora con toda seguridad: «*Es muy fácil que el pueblo se equivoque*». Lo grave de las equivocaciones del pueblo es que pueden afectar negativamente no solo a quienes se equivocaron, sino también a quienes no lo hicieron. Esas erratas pueden terminar afectando hasta la supervivencia misma del Estado.

Hoy día, gracias a cuantiosos gastos en publicidad y al diseño de estrategias populistas, se puede construir un líder en pocas semanas, aunque el personaje haya sido hasta ese momento un total desconocido, aunque no haya sido nunca líder en nada, ni siquiera en su barrio. Ejemplos hay de sobra, de personajes que resultaron electos como presidentes, gobernadores o alcaldes, gracias a costosas campañas electorales diseñadas en laboratorio, con grandes inversiones económicas, algunas veces con dineros provenientes de dudosas fuentes como narcotráfico, tráfico de influencias, corrupción, inherencia extranjera, etc.

Como se explicó antes, cuando se instauraron las primeras bases de gobierno democrático en la antigua Atenas, hace 2500 años, la ciudadanía estaba integrada solamente por los varones adultos libres y nacidos en Atenas. Las mujeres, los esclavos, los extranjeros y lógicamente los niños no eran considerados ciudadanos y no participaban en las asambleas donde se tomaban las grandes decisiones, que era donde se designaban a los gobernantes <u>mediante sorteo al azar</u> entre los candidatos que cumplieran con las condiciones exigidas y previamente aceptadas sus postulaciones por la asamblea de ciudadanos.

Hasta bien entrado el siglo XX eran muy escasos los países donde las mujeres podían votar para elegir los gobernantes. En Estados Unidos de América se aprobó el voto femenino igualitario en 1920 y en Venezuela en 1946.

Durante los últimos dos siglos se fueron incorporando progresivamente al sufragio sectores que durante más de dos mil años habían permanecido discriminados por criterios de sexo, edad, raza, religión, origen o nivel de instrucción. Así hasta llegar al concepto actual de voto o **Sufragio Universal**, en el cual todos los nacionales y residentes mayores de edad tienen derecho al voto.

La condición de extranjero en la mayoría de los países sigue siendo una limitante para acceder al derecho al voto. Sin embargo, viene creciendo la tendencia de permitir el voto de los extranjeros en elecciones locales y regionales, conservando la limitación para los casos de elecciones de autoridades nacionales como presidente o legisladores.

Si bien el sufragio universal es considerado uno de los derechos humanos fundamentales, tanto para elegir como para ser elegido, no deja de ser preocupante que en la mayoría de los países las clases sociales más pobres son las que conforman la mayor parte de la población y generalmente tienen además los menores niveles de instrucción... ¿Es lógico entonces que el mayor peso en la responsabilidad de elegir los gobernantes recaiga sobre los ciudadanos menos instruidos o capacitados para discernir entre los candidatos con criterios que realmente permitan la selección del más idóneo?... Siendo los ciudadanos con menor grado de instrucción los que conforman mayoritariamente la clase social de *«los que no tienen nada que perder»*, en la cual existe un elevado grado de resentimiento social, son ellos los más susceptibles a ser influenciados o manipulados por campañas publicitarias de corte populista. Es probable que esta sea la explicación del porqué del éxito de los candidatos populistas.

En las últimas décadas han proliferado gobiernos que no solo hicieron uso de la demagogia como ofertas electorales para acceder al poder, sino que han convertido el populismo es política de Estado para mantener el apoyo popular que les permita repetir triunfos electorales, aunque muchas veces se ven pronto forzados a acudir al fraude electoral con la manipulación de los registros de ciudadanía y los sistemas electrónicos de votación y escrutinios, con la complacencia de los poderes del Estado, incluidas las fuerzas armadas, cuyos representantes más altos también disfrutan ampliamente de los ingresos extras provenientes de la corrupción y la compra de voluntades.

Los sistemas populistas pueden ser de izquierda, de centro o de derecha, pueden ser civilistas o militaristas, pueden tener legitimidad de origen o pueden llegar al poder mediante alguna operación violenta o por fraude vulnerando la constitución o las leyes vigentes; pero en todo caso el común denominador es el uso de estrategias demagógicas para conservar el poder.

El término aristocracia que se originó en la antigua Grecia, promovido por los filósofos PLATÓN y ARISTÓTELES, se refería, como se explicó antes, al gobierno de los mejor capacitados para ser gobernantes. Sin embargo, con el transcurrir del tiempo, el terminó fue transmutado al «gobierno de la nobleza» porque eran los nobles quienes mayormente asistían a universidades y colegios. De allí, el sistema de la autocracia degeneró en oligarquías en las cuales los gobernantes pertenecían a un pequeño grupo, generalmente de una misma clase social.

Posiblemente debido a la transformación de las aristocracias en gobiernos de los nobles, fue tomando fuerza el término sofocracia para rescatar la idea del «gobierno de los sabios».

El término **meritocracia** fue acuñado en 1958 por el sociólogo, activista social, político y escritor británico Michael YOUNG en su obra «El Ascenso de la Meritocracia». Aunque más que un ensayo, se trató de una obra de carácter literario en el ramo de ficción política, la palabra hoy en día se aplica no solo en el gobierno de países, sino también como estrategia en la administración de grandes empresas y corporaciones, tal como fue el caso de la empresa estatal petrolera de Venezuela **PDVSA**, antes de que fuera intervenida por las fuerzas corruptoras y destructivas promovidas desde el nefasto gobierno de Hugo CHÁVEZ FRÍAS. La empresa fue invadida y pasó a ser controlada por personas sin formación ni experiencia en el área petrolera y de ser una de las empresas más grandes y más eficientes del mundo, pasó prácticamente a la quiebra por no continuar cumpliendo con los principios de la meritocracia para la selección de sus ejecutivos y de los empleados en general.

Debido a los fracasos en muchas democracias para elegir gobernantes idóneos, hoy día están resurgiendo las ideas de la sofocracia, la tecnocracia o la meritocracia, pero conservando los valores de la democracia, principalmente el sufragio universal. Las propuestas se orientan a exigir méritos a los aspirantes a ser candidatos a cargos por elección popular. También se deben exigir correspondientes méritos a los ciudadanos para que puedan ser designados en cargos en el alto gobierno que no sean por elección popular, sino por designación directa por el Presidente (vicepresidentes, ministros, viceministros, directores, etc.) o por alguno de los poderes del Estado (jueces, magistrados, fiscal, contralor, defensor del pueblo, rectores del poder electoral, etc.).

Siempre se ha dicho que la democracia es el mejor sistema de gobierno porque es perfectible, siempre se puede mejorar más. Con el desarrollo de las ciencias y la tecnología se abren posibilidades para crear nuevos sistemas y adaptar los antiguos esquemas de los gobiernos democráticos.

La República es un sistema de organización del Estado donde predomina el «Imperio de la Ley», por encima de las personas que gobiernan. La separación y autonomía de los poderes del Estado es la base fundamental de una República. En su obra «El Espíritu de las Leyes» (1748), MONTESQUIEU (1689-1755) escribió:

«*La libertad política de un ciudadano depende de la tranquilidad de espíritu que nace de la opinión que tiene cada uno de su seguridad. Y para que exista la libertad es necesario que el Gobierno sea tal que ningún ciudadano pueda temer nada de otro. Cuando el poder legislativo está unido al poder ejecutivo en la misma persona o en el mismo cuerpo, no hay libertad porque se puede temer que el monarca o el Senado promulguen leyes tiránicas para hacerlas cumplir tiránicamente. Tampoco hay libertad si el poder judicial no está separado del legislativo ni del ejecutivo. Si va unido al poder legislativo, el poder sobre la vida y la libertad de los ciudadanos sería arbitrario, pues el juez seria al mismo tiempo legislador. Si va unido al poder ejecutivo, el juez podría tener la fuerza de un opresor. Todo estaría perdido si el mismo hombre, el mismo cuerpo de personas principales, sean estos de los nobles o del pueblo, ejercieran los tres poderes: el de hacer las leyes, el de ejecutar las resoluciones públicas y el de juzgar los delitos o las diferencias entre particulares*».

Son elementos comunes que participan en la definición tradicional del concepto «República»:

— Realización periódica de votaciones para elegir los gobernantes.

— En una República todos los cargos en el gobierno son periódicos, no existen cargos vitalicios, ni hereditarios.

— Todos los actos de gobierno deben ser públicos, publicados en una «Gaceta Oficial» que es una especie de boletín de fácil acceso. No existe el secreto de Estado.

- Los políticos y funcionarios públicos son responsables de sus acciones en el desempeño de sus cargos y funciones.
- La separación, autonomía y control entre los diferentes poderes del Estado.
- La soberanía de la Ley.
- El ejercicio de la ciudadanía, quien pone y depone.
- La práctica del respeto, la convivencia y no a la intolerancia hacia las ideas opuestas.
- La igualdad de todos los ciudadanos ante la ley.
- La idoneidad como condición para acceder a los cargos públicos.

Toda esa revisión histórica sobre los sistemas de gobierno y su evolución en el tiempo es necesaria e importante como cultura general; pero los venezolanos no necesitamos viajar tan lejos en el tiempo ni en las distancias para encontrar inspiración, conocimientos y consejos útiles para tomar en cuenta si queremos refundar **nuestro país**.

El Libertador Simón BOLÍVAR (1783-1830 d. C.) nos dejó un gran legado con su sabiduría, experiencia y visión para el futuro, con muy valiosos consejos políticos que debemos tener presentes para el desarrollo de la nueva República. A continuación solo algunas de sus frases más trascendentales:

– «*Elegid por Magistrados a los más virtuosos de vuestros ciudadanos*».

– «*La educación forma al hombre moral y para formar un legislador se necesita ciertamente educarlo en una escuela de moral, justicia y de leyes*».

– «*Los códigos, los sistemas, los estatutos por sabios que sean, son obras muertas que poco influyen sobre las sociedades: hombres virtuosos, hombres patriotas, hombres ilustrados constituyen las Repúblicas*».

Imagen original de
www.elrostrodebolivar.com

– «*El talento sin probidad es un azote*».

– «*Todo el cuerpo de la historia enseña que las gangrenas políticas no se curan con paliativos*».

– «*La impunidad con los delitos hace que éstos se cometan con más frecuencia, y se llega al caso de que el castigo no basta para reprimirlos*».

– «*La clemencia con el malvado es un castigo al bueno; y si es una virtud la indulgencia, lo es cuando es ejercida por un particular, pero no por el gobierno*».

– «*Los peligros enseñan la vía de la salud*».

– «*Por la ignorancia nos han dominado más que por la fuerza*».

– «*Los empleos públicos pertenecen al Estado, no son patrimonio de particulares. Ninguno que no tenga probidad, aptitudes y merecimientos es digno de ellos*».

– «*En tanto que nuestros compatriotas no adquieran los talentos y virtudes políticas que distinguen a nuestros hermanos del norte, los sistemas enteramente populares, lejos de sernos favorables, temo mucho que vengan a ser nuestra ruina... Estamos dominados por los vicios que se contraen bajo la dirección de una nación como la española, que sólo ha sobresalido en fiereza, ambición, venganza y envidia...»* [Carta de Jamaica, 6 de septiembre de 1815].

— *«La continuación de la autoridad en un mismo individuo frecuentemente ha sido el término de los gobiernos democráticos. Las repetidas elecciones son esenciales en los sistemas populares, porque nada es tan peligroso como dejar permanecer largo tiempo en un mismo ciudadano el poder. El pueblo se acostumbra a obedecerle y él se acostumbra a mandarlo; de donde se origina la usurpación y la tiranía. Un justo celo es la garantía de la libertad republicana, y nuestros ciudadanos deben temer con sobrada justicia que el mismo magistrado, que los ha mandado mucho tiempo, los mande perpetuamente»* [Discurso ante el Congreso de Angostura, 15 de febrero de 1819].

— *«La unidad de nuestros pueblos no es simple quimera de los hombres, sino inexorable decreto del destino».*

Venezuela es un país dinámico en su organización interna y ha pasado ya por al menos cinco grandes etapas desde que fue declarada la Independencia en 1810-1811. Esas grandes etapas las denominamos Repúblicas y la última, aún vigente, es la quinta que se inició formalmente en 1999 con la aprobación de una nueva constitución nacional. Sin embargo, esta V República en dos décadas ha llevado el país a la ruina y ya no cabe duda de que más tarde o más temprano será necesaria una nueva Constitución Nacional para rescatar lo que quede de la República, establecer nuevas bases y fundar la **VI República de Venezuela**.

Luego de ese análisis sobre la diversidad de sistemas de gobierno y viendo la realidad mundial sobre los vaivenes y tumbos que se van dando en las democracias que no permiten el avance sostenido de los países, se llega a la conclusión de que la democracia clásica o tradicional debe evolucionar y a la luz de las nuevas ciencias y tecnologías, debe transformarse en un sistema verdaderamente meritocrático y de libertades.

Con el fin de estimular los análisis y discusiones, presento en este pequeño libro algunas ideas y propuestas para la modernización del país y mejoramiento de su organización y régimen interno; que parten desde algunos principios básicos de la economía de mercado y el respeto y reconocimiento a los méritos individuales de los electores y de los candidatos que aspiran gobernar.

A continuación presento algunas ideas sobre una realidad vista desde el futuro, desde el año 2057 que será cuando yo estaré, vivo o muerto, cumpliendo 100 años de haber nacido.

El autor con su hermano, su esposa, su hijo y compañeros de excursión, al pie del Auyantepui y del Salto Ángel, bautizando su primera novela titulada «La América que murió en Berruecos».
[www.amazon.com/dp/1542671426]

# La República de VENEZUELA C.A.

## ¿Una guía para el futuro?

**PRESENTACIÓN**

Con este ensayo les presento un ejercicio de imaginación, para el cual le pido a los lectores abrir la mente y librarse temporalmente de ideas preconcebidas sobre política, economía y sistemas de gobierno, porque lo que presento aquí es un intento de darle forma de realidad a un conjunto de ideas que se me han venido a la mente, las cuales, si son vistas sin la suficiente amplitud mental, pudieran ser juzgadas como simples elucubraciones. Por eso, para poder avanzar en la lectura y comprender en su justa magnitud y trascendencia esas ideas, es imprescindible dejar volar la imaginación... leerlas quizá como si estuvieran viendo una película en el cine. El análisis, la discusión y la meditación sobre el contenido se hacen después de que termine la película...

Seguramente muchos lectores identificarán algunos fragmentos de la historia que se presenta como hechos reales ya vividos; pero también se incluye la narración y descripción de acontecimientos que aún no han ocurrido. Esos hechos del porvenir se describen desde el futuro, como si hubiesen sido escritos dentro de 35 años, en 2057. Con ello quiero imprimirle más realismo al relato para que el lector se sienta como que está viviendo lo que se describe. La narración hecha en pasado, como si fuesen hechos ya acontecidos, ayuda a hacer la lectura más realista y más amena. Eso ayuda a que los acontecimientos se perciban con mayor viabilidad.

Espero que estas líneas les resulten al menos entretenidas y estimulen inquietudes, discusiones y tormentas de ideas que nos ayuden a diseñar y crear un mejor futuro en cada uno de los países del mundo para nuestros descendientes. Repito, no son profecías o predicciones, son simplemente un compendio de posibilidades que algunas pudieran ser tomadas para convertirlas en realidad.

## La Historia

Venezuela fue un gran país que hace varias décadas era considerado el más feliz del mundo. Era, o más bien es, un país bendecido con inmensas riquezas naturales de todo tipo: agua dulce, un mar de playas espectaculares y gran diversidad de recursos marinos, abundante petróleo, gas y carbón mineral en el subsuelo, oro, diamantes y varios otros minerales de creciente valor en el mercado internacional. Además, posee exuberantes selvas tropicales, grandes montañas con picos de nieves perpetuas, extensas y fértiles planicies aptas para la agricultura, la ganadería y el turismo. Además, no tiene amenazas volcánicas. Con gran visión y sabiduría, el almirante Cristóbal COLÓN durante su tercer viaje vislumbró la grandeza de esta tierra y la denominó *«Tierra de Gracia»*.

Su pueblo está formado por un complejo genético interracial donde los indígenas autóctonos se han mezclado sin complejos de racismo con los blancos europeos, los negros africanos y en menor grado también con los amarillos asiáticos. Aunque el proceso de colonización por los europeos fue muy cruel e injusto, sus heridas han sanado con el transcurrir del tiempo y hoy no existen mayores secuelas racistas. Sin duda alguna, en la sanación de aquellas heridas jugó un papel fundamental el legado del Libertador Simón BOLÍVAR que con gran sabiduría estableció la total y absoluta igualdad de todos los ciudadanos ante la Ley.

Su sistema de gobierno ha evolucionado desde el antiguo cacicazgo de las tribus indígenas, pasando luego por casi 320 años de colonialismo bajo el imperio español. Después de la lucha por la Independencia, el país fue regido por una larga sucesión de caudillos militares que duró más de 120 años, hasta que en las últimas cuatro décadas del siglo XX se logró establecer una democracia que fue referencia en el mundo. Lógicamente, no fue un sistema de gobierno perfecto, ninguno lo es; pero el país en esa democracia prosperó significativamente y su pueblo pudo superar en gran medida las difíciles barreras de la pobreza y de la ignorancia.

A pesar de que aquella democracia era perfectible, solo duró 40 años porque las fuerzas internas del mal, dirigidas por un sátrapa foráneo de gran letalidad, sagaz como una víbora, lograron tomar el poder por vía electoral, prometiendo corregir todos los defectos de aquella democracia que se habían estado acumulando y esa situación fue capitalizada por la maldad. Así, finalizando el segundo milenio, esas fuerzas del mal lograron instaurar en Venezuela una férrea dictadura de corte comunista, aunque camuflada bajo el falso epíteto de socialismo que no es otra cosa que el maquillaje del comunismo para no mostrar su verdadera cara. El comunismo no es otra cosa que un disfraz que utilizan delincuentes para apoderarse de las riquezas del pueblo y del Estado. Los líderes del comunismo son delincuentes que le tienen amor a los capitales ajenos, tanto amor que hacen todo lo posible por apoderarse de ellos.

Durante 24 años aquel que fuera un gran país, fue totalmente destruido y arruinado. Sus recursos fueron saqueados a manos llenas, desde los lingotes de oro que estaban «resguardados» en las bóvedas del Banco Central de VENEZUELA, hasta el oro del subsuelo en la cuenca del Orinoco. Todo se lo robaron y se lo llevaron a la mayor isla caribeña, Cuba, desde donde fueron dirigidos el asalto al poder, la ingeniosa invasión –utilizando las propias armas y soldados del país invadido– y el saqueo. La desinversión, falta de mantenimiento y destrucción intencional de la industria petrolera causó una severa escasez de combustibles, pero a Cuba se le mantuvo el envío frecuente de grandes buques cargueros llenos de petróleo y combustibles. Incluso durante los peores tiempos de la crisis, parte importante del combustible importado de Irán era enviado a Cuba… –¿A cuenta de qué?

Corrompieron al máximo a las fuerzas armadas utilizándolas como el brazo ejecutor del saqueo y del narcotráfico, permitiendo que los militares se beneficiaran directa y cuantiosamente de sus acciones delictivas. Los militares legalistas e institucionales fueron neutralizados de alguna manera, unos retirándolos del servicio activo y otros que alzaron su voz fueron arrestados, torturados y asesinados.

El pueblo tempranamente se dio cuenta del error en que habían caído al elegir como Presidente a aquel ser cargado de resentimientos y malignidad de todo tipo que estaba siendo utilizado por el régimen de Cuba como un **«contundente ariete»** para derribar una a una, todas las puertas, murallas y fortalezas institucionales –legales y morales– de la democracia y de la sociedad. A solo tres años de haber tomado el poder, el pueblo se volcó masivamente a las calles a pedir la renuncia del mayor traidor de toda la historia del país. La presión logró hacerlo renunciar, pero el alto mando militar desconoció la renuncia y dos días después de derrocado, los militares volvieron a instaurar en el poder al mismo dictador.

Las masivas protestas cívicas del pueblo fueron masacradas por las «fuerzas del orden» y también por las «caóticas fuerzas del desorden» que fueron creadas, fomentadas y financiadas por el dictador, que no eran otra cosa que mercenarios pagados y armados ilegalmente para actuar impunemente en defensa del régimen. Sin esperanzas de poder lograr el apoyo de las fuerzas armadas para derrocar el régimen, las protestas del pueblo fueron perdiendo poder ante el temor a la represión desmedida y al asesinato de quienes salían a protestar. Fueron varios cientos de protestantes, principalmente jóvenes, que cayeron asesinados, algunos con disparos a quemarropa que quedaron grabados en videos.

Aunque a ciencia cierta no se sabe cuándo, ni dónde, ni de qué, ni cómo, fue anunciado que el «Comandante Ariete» supuestamente falleció de una también supuesta enfermedad. Sin embargo, la dictadura y el saqueo continuaron a cargo de otro dictador-heredero, apoyándose también en descarados y masivos fraudes electorales y en la compra de líderes políticos que fingían ser opositores, pero que se beneficiaban económicamente de su solapado apoyo al régimen.

Ya saqueados todos los lingotes de oro del Banco Central, el régimen fomentó la extracción de minerales del subsuelo (oro, diamantes, coltán, torio, etc.) y procedieron a saquear el acero y otros metales extraídos de las instalaciones de la industria petrolera: tubos de perforación y de los oleoductos, conexiones, rieles y partes nuevas de los ferrocarriles que nunca terminaron de construir, tanques y camiones militares, naves de la marina de guerra y hasta puentes viales, fueron despedazados y exportados como chatarra en grandes barcos para China y Rusia... Así mismo, fueron talados gran cantidad de árboles, incluso de las avenidas, plazas y parques citadinos, y también provenientes de bosques naturales, incluyendo especies que habían estado vedadas a la tala comercial, para exportar la madera principalmente a China. ¿Quiénes fueron los que se beneficiaron económicamente de ese desmantelamiento y saqueo?

Con el país sometido al más salvaje saqueo de sus recursos y a la desinversión en su infraestructura, cuando ya prácticamente no quedaba nada dónde seguir medrando, los cabecillas del régimen profundizaron entonces los controles económicos y la manipulación con oscuros fines de las tasas de cambio y sucesivas conversiones de la unidad monetaria nacional para continuar lavando dinero y acumulando riquezas en sus arcas. El narcotráfico internacional fue intensificado utilizando barcos y aviones de las fuerzas armadas, así como los grandes buques cargueros de petróleo, para transportar también cargamentos de droga a sus principales destinos: Norteamérica, Europa, Medio Oriente y Asia. Así lograron sostenerse en el poder por algunos años más.

¿Una guía para el futuro?

# El Futuro

A continuación y hasta el final de este libro, sigue un relato que fue escrito viendo los acontecimientos desde el futuro, desde el año 2057. Por eso, aunque para nosotros se trata del futuro, los hechos se describen en pasado.

Finalmente, ante las crecientes presiones internas e internacionales, directas e indirectas, conspicuas y secretas, los más altos cabecillas del régimen, en el momento menos esperado y sin ningún anuncio ni indicio previo, optaron por abandonar el poder y desaparecer.

Aquella misma noche en la que se fugaron «al amparo de las sombras», los habitantes del sur de Maracay sintieron cerca de la 1 a. m. el inconfundible ruido de uno de los aviones Hércules despegando de la Base Aérea Libertador de Palo Negro. Luego, a media tarde de ese día, en pleno revuelo por el abandono del poder de los cabecillas, circuló ampliamente la noticia de que se cayó un avión de carga de la Fuerza Aérea Venezolana en el océano Atlántico, al este de la isla de Trinidad. No se conoció a ciencia cierta qué misión llevaba aquel vuelo, de dónde venía o para dónde iba, ni quiénes iban a bordo, ni como tripulantes, ni como pasajeros. Nunca se encontraron los restos de aquel avión, ni de su cargamento, ni de sus pasajeros. Solo fue hallada una gran mancha de aceite y de combustible flotando en la superficie del mar y en medio, un morral de paracaídas sin abrir, identificado con las siglas del avión... una especie de testimonio físico como para que no quedaran dudas.

Las imágenes de la mancha de aceite y del paracaídas fueron ampliamente difundidas en los noticieros de TV del mundo y por las redes sociales, como prueba indudable de que el inmenso avión militar Hércules C130 se había estrellado allí. Con eso dejaron sembrada la idea de que el dictador, su familia y la plana mayor del régimen habían fallecido todos durante la fuga después de abandonar el poder. Sin embargo, muchas dudas persisten aún sobre el verdadero destino de aquel avión y de sus ocupantes. ¿Estarán realmente en el fondo del Atlántico? ¿Estarán en las

pailas del infierno o estarán también, con nuevas identidades, disfrutando de sus riquezas mal habidas en algún paraíso en el otro lado del mundo?...
—Tal vez estén en lo que queda de Rusia, en Dubái o en Turquía.

El país quedó arruinado y en ruinas, sumido en un caos absoluto, con los políticos enfrentados unos a otros en vez de unirse para la reconstrucción del país. Luego de esa etapa de caos bajo una **Junta de Gobierno de Transición** que duró dos años, sin lograr mayores avances en la recuperación del país, fueron convocadas unas elecciones generales y el pueblo, cansado de los politiqueros, apoyó masivamente una opción que ofreció con mucha claridad, una profunda y total transformación del país.

Los politiqueros de profesión y oficio quedaron marginados, incluso aquellos que quisieron apoyar a última hora al candidato que ya lucía como seguro triunfador. El candidato no aceptó apoyos de politiqueros traidores a la patria, ni de ningún otro partido diferente al suyo. Se lanzó a las elecciones con un único partido de respaldo y ofreció actuar bajo los paradigmas de la Ética, la Justicia, la Libertad y la Economía de Mercado. Ofreció privatizar TODO el país; no solo sus recursos y los servicios, sino absolutamente TODO... La propuesta no era entregarle la administración del Gobierno o del país a una empresa privada, tal como se ha hecho en algunos casos de la historia del mundo. ¡No!... la propuesta fue convertir todo el país en una Empresa Privada independiente que sería la mayor empresa del mundo, con sus propios controles internos para evitar tendencias monopólicas y la corrupción en el otorgamiento de concesiones para favorecer a personas o empresas amigas de los gobernantes de turno. Hasta el gobierno mismo sería privatizado y cada ciudadano del país recibiría su porción de acciones como PROPIETARIO. Eso le generó un rotundo y masivo respaldo de los electores.

Se realizaron las elecciones y el candidato que fue apodado por sus contrarios como «EL PRIVATIZADOR» para atemorizar los electores, obtuvo 83,62 % de los votos válidos, en unas elecciones donde participó 87,15 % de los electores hábiles para votar. Sus candidatos ganaron

83,33 % de las gobernaciones; 85,07 % de las alcaldías y 79,66 % de los diputados de la Asamblea Nacional.

El nuevo Presidente, ni siquiera cuando era candidato, nunca habló de reconstrucción ni de restauración del país porque decía que ya era imposible regresar al modelo de país que alguna vez existió. Había que partir prácticamente de cero, utilizando tres importantes elementos para construir un nuevo modelo de República:

— **El Territorio:** Todo el territorio continental, insular y marítimo que según la tradición histórica y legal es propiedad de la nación, incluyendo el Territorio Esequibo que estaba en reclamación.

— **Sus Ciudadanos:** Los ciudadanos venezolanos, tanto los residentes como los emigrados, y los extranjeros residentes en el país.

— **Su cultura y sus saberes**: Conjunto de tradiciones, sabiduría, habilidades y experiencias acumuladas durante los 525 años de historia conocida de la nación.

No fue fácil transformar el país, su sistema de gobierno y su cultura para adaptarlos a la economía de mercado, después de más de 65 años de socialismo en diferentes modalidades y su afán de controlar todo. El Presidente, luego de dos años de ejercicio y habiendo logrado algunos avances importantes, anunció a los ciudadanos que era necesario hacerle algunos cambios a la Constitución Nacional. La reforma no se hizo mediante una Asamblea Constituyente elegida directamente mediante sufragio universal de los ciudadanos; sino que fue designada una **Comisión Constituyente** integrada por 21 reconocidos expertos de destacada trayectoria en diferentes áreas. Primeramente cada uno de los Poderes Públicos (Ejecutivo, Legislativo y Judicial) postuló a 21 candidatos. Luego, se sustituyeron las dobles y triples postulaciones y se realizó una **Consulta Popular** para elegir quiénes quedarían finalmente como miembros de la Comisión Constituyente. No hubo postulación por partidos políticos, no fueron postulados políticos, sino reconocidos expertos de alto nivel en los principales ramos del saber que requería el país: derecho, economía, energías, salud, agricultura, ambiente, educación y sociología. Se presentó a los electores la lista de los 63 postulados, cada uno con su nombre y su profesión. Cada elector debía seleccionar y votar uno a uno por sus 21 candidatos preferidos. Fueron postulados nominalmente, sin planchas o agrupaciones, sin que aparecieran apoyos de partidos políticos y solo se permitió una breve campaña de promoción de los candidatos durante un mes.

Se realizó la consulta y resultaron electos como miembros principales de la **Comisión Constituyente** los 21 candidatos que recibieron más votos que fueron 7 abogados, 3 economistas, 3 ingenieros (eléctrico, civil y agrónomo), 3 médicos, 1 profesor universitario de estadística, 1 maestro-sindicalista, 1 físico-matemático, 1 ecólogo-ambientalista y 1 sociólogo. Además, fueron electos 7 miembros suplentes que fueron los siguientes en recibir la mayor cantidad de votos. También se les presentó a los electores en esa misma consulta tres redacciones diferentes para el objetivo de la Comisión Constituyente y resultó aprobado el que decía *«Realizar todos los cambios que sean requeridos en la Constitución Nacional para transformar el país en una República moderna, soberana, independiente y liberal»*. A muchos críticos les llamó la atención que en ese objetivo no se incluyó el adjetivo «democrática».

Luego de nueve meses de trabajo, la Comisión Constituyente presentó al país una nueva Constitución Nacional. No se limitaron a hacerle modificaciones a la constitución que estaba vigente desde la dictadura del «Comandante Ariete»; sino que redactaron una totalmente nueva e innovadora, la **Constitución Nacional de la República de VENEZUELA C.A.** Fueron invertidos seis meses más en difundir las ventajas y bondades del nuevo concepto de país que se proponían. Se realizaron programas especiales en todos los canales o estaciones de radio y de TV nacionales y regionales. Se imprimieron y distribuyeron libros y folletos para explicar las diferencias del modelo de República que se estaba proponiendo en contraste con el modelo al cual estaba acostumbrada la población. Los politiqueros de oficio y también muchos destacados profesionales se opusieron a esa propuesta que consideraban una absurda elucubración, una locura; pero finalmente en el referéndum resultó aprobada la nueva **Constitución Nacional** con 69,32 % de los votos emitidos, con una participación récord de 84,76 % del total de electores.

El 1° de enero del año siguiente, a las 00:00:01 horas, entró en vigencia la nueva **Constitución Nacional** y así desapareció para siempre el país anterior, quedando asentado en la historia universal que hubo un gran país que fue destruido hasta sus cimientos por un régimen narco-socio-comunista y depredador que lo sometió mediante la corrupción de las fuerzas militares, el continuo fraude electoral y la contratación de actores que fungieron ser políticos opositores. Ese país fue parasitado y controlado por las fuerzas del mal, externas e internas, que lo saquearon y lo dejaron en la inopia.

Se inició así el primer período constitucional de 5 años en la nueva República. Como parte de los artículos de carácter transitorio, permaneció en funciones el mismo Presidente que había impulsado los cambios. A continuación un listado de los cambios más importantes que fueron establecidos para la nueva República.

## ¿UNA REPÚBLICA C.A. PRIVADA?

- **Nombre o «Razón Social»:** La Constitución Nacional estableció que el nuevo país se fundó como una empresa mercantil que se denomina **República de VENEZUELA C.A.** y puede ser identificada igualmente por sus nombres abreviados **VENEZUELA C.A.** o solo **VENEZUELA**.

- La **Misión Social** es lograr la mayor suma de bienestar posible para sus accionistas y trabajadores que conforman la ciudadanía: esto significa *«la mayor suma de felicidad posible, mayor suma de seguridad social y mayor suma de estabilidad política»* [Simón BOLÍVAR, Discurso ante el Congreso de Angostura del 15 de febrero de 1819]; siempre bajo los paradigmas de la sostenibilidad económica, social y ambiental.

- El **Objetivo Social** de **República de VENEZUELA C.A.** es desempeñarse como empresa mercantil para la producción y comercialización de bienes de consumo y prestación de servicios, ejerciendo sin limitación alguna todo género de actividades comerciales lícitas; con el fin de atender las demandas y necesidades de la ciudadanía del país y del mercado internacional; especialmente en lo relacionado con las áreas de explotación, producción, procesamiento y comercio de minerales e hidrocarburos; generación, distribución y suministro de electricidad; suministro y abastecimiento de agua para los desarrollos urbanos, industriales, turísticos y rurales; producción, procesamiento y comercio de productos agrícolas, pecuarios, forestales, agroindustriales, industriales y artesanales; desarrollo del turismo; servicios de transporte masivo terrestre, ferroviario, aéreo, marítimo y fluvial; protección y usos sostenibles del ambiente; telecomunicaciones; comercio electrónico y cualquier otra actividad comercial u operación financiera que pueda ser desarrollada lícitamente en el Territorio Nacional o en el exterior, relacionadas directa o indirectamente con las actividades antes señaladas o que sin estar relacionadas, sean consideradas en cualquier momento como convenientes o estratégicas para el desarrollo de la empresa y el bienestar de sus accionistas y trabajadores; pudiendo desempeñar actividades de lícito comercio relacionadas directamente o no con este Objetivo Social expreso de la empresa, el cual es meramente enunciativo y referencial, pero de ningún modo limitativo.

- El **domicilio principal** de la empresa República de VENEZUELA C.A. es la ciudad de Caracas, donde tiene su sede principal el Gobierno Civil; pudiendo establecer oficinas, agencias, tiendas, sucursales, embajadas, consulados, oficinas de negocios u otras dependencias en cualquier lugar del territorio de la República o en el exterior, cuando así lo resuelvan el Poder Ejecutivo y lo autoricen el Poder Legislativo y la consulta realizada a los accionistas.

- La **duración** de la empresa República de VENEZUELA C.A. será de doscientos (200) años, contados a partir del día primero de enero del año siguiente a la fecha de la aprobación de esta Constitución por los accionistas. En los últimos cinco años del plazo previsto, el Poder Legislativo puede prorrogar la duración por un nuevo lapso que puede ser igual, mayor o menor al definido inicialmente. En caso de que no sea prorrogada, se deberá elegir una nueva Comisión Constituyente para diseñar y definir las bases de una nueva República.

- **Marca Registrada:** La frase «**Producto de VENEZUELA C.A.®**» fue registrado mundialmente como una marca comercial genérica para todos los bienes de consumo y servicios producidos en la **República de VENEZUELA C.A.** La Constitución estableció la obligatoriedad de escribir el nombre del país siempre con todas las letras mayúsculas «**VENEZUELA**»

- El **gentilicio** sigue siendo **venezolano** y a todos los ciudadanos que tenían la nacionalidad venezolana se les reconoció como ciudadanos de la nueva República, conservando las diferencias de origen por nacimiento o por nacionalización.

- La **unidad monetaria** es el **bolo**, su nombre se debe escribir siempre con todas sus letras minúsculas (**bolo** o **bolos**) y su símbolo es una b minúscula con un corto trazo o barra horizontal en medio de la sección superior de la línea vertical de la b: "ƀ". Dicho símbolo se debe colocar antepuesto a las cifras numéricas para indicar cantidades de esta unidad monetaria: ƀ5637,25. Todas las monedas en metálico se identifican y distinguen por la efigie clásica del Libertador Simón Bolívar diseñada por Desire Albert Barré (1818-1878).

- **Registro:** El **República de VENEZUELA c.a.** fue registrada primeramente en su capital Caracas como una empresa mercantil con muy amplio objetivo y luego ese registro fue realizado también en la ciudad de New York con el nombre **REPUBLIC OF VENEZUELA Inc.**, con toda el *National Constitution Act* en inglés y el Capital Social expresado en dólares, con validez en el mundo entero.

- **Capital Social:** La nueva República fue constituida como una empresa comercial, una gran **compañía anónima privada**; fundada con un Capital Social declarado de **24 billones de dólares americanos ($24 \times 10^{12}$)**, equivalentes a **2400 billones de bolos (ƀ$4 \times 10^{15}$)**. Cada bolo equivalía inicialmente a 0,01 dólares americanos (ƀ1,00 = 1 centavo de dólar → \$1,00 = ƀ100,00). El Presidente prometió que el bolo en pocos años se revalorizaría, en la medida en que el nuevo país fuera recuperándose de aquel trágico diluvio de males causado por el comunismo y el militarismo. El Presidente siempre hacía énfasis en que esa recuperación dependería de todos sus accionistas. Los accionistas de la nueva República c.a., o sea, en la práctica sus PROPIETARIOS, son **todos sus ciudadanos que tienen la nacionalidad venezolana**, quienes son poseedores de 66,67 % (⅔) del Capital Social de la República y el restante 33,00 % (⅓) de las acciones fueron vendidas en subastas internacionales a inversionistas y grandes empresas del mundo.

- **Población e Identidad:** Se realizó primero un gran esfuerzo para que todos los ciudadanos del país tramitaran y obtuvieran su nueva Cédula de Ciudadanía «CC», aprovechando el proceso para limpiar los registros del país de muchos multicedulados que solo servían para abultar la cantidad de electores y votar muchas veces en cada elección. Luego de realizar la nueva identificación a todos los ciudadanos, la población oficial del país quedó reducida en más de seis millones de habitantes. Parte importante de esa merma se debió a la elevada emigración ocurrida en los últimos años de la dictadura; pero también fue importante la eliminación de las «falsas ciudadanías» que al parecer solo existían en los registros para realizar fraudes en los procesos electorales.

- Se determinó que en el Registro Electoral habían 3 543 121 electores basados en identidades falsas que en realidad eran ciudadanos de otros países que solo venían al país cuando había alguna elección, algunos ni siquiera hablan el español (chinos, iraníes, rusos, turcos, etc.). También aparecían como vivos y votando más de un millón de ciudadanos que ya habían fallecido, pero alguien tenía sus cédulas (con foto y huella del impostor) para votar por ellos.

- En la base de datos de huellas dactilares fueron encontradas 1 625 787 personas con huellas iguales a las de otras personas, algunos con hasta 13 identidades diferentes con las mismas huellas. Los verdaderos poseedores de esas huellas en sus dedos fueron identificados, fueron juzgados por suplantación de identidad con fines ilícitos, fueron castigados con severidad con penas de 3 años de prisión y se les impuso una sanción accesoria: la exclusión vitalicia del registro electoral, por la cual no podrían votar más nunca. Todas las «personas» que tenían huellas dactilares repetidas e idénticas fueron eliminadas del Registro Electoral, incluso las que sí tenían esas huellas en sus dedos.

- La nueva **Cédula de Ciudadanía** es un documento moderno que incluye un chip electrónico donde están los principales datos del titular, incluyendo la codificación de su firma, de su rostro y de sus huellas dactilares. También incluye, tanto impreso en el carnet como en el chip, el mayor **Nivel de Instrucción** formal alcanzado por el ciudadano según la siguiente tabla de valores, símbolos y colores:

**Niveles máximo de instrucción que constan en la Cédula de Ciudadanía.**

| Símbolo | Nivel de Instrucción |
|---|---|
| 1 | Analfabeta |
| 2 | Alfabetizado sin completar primaria |
| 3 | Primaria Completa |
| 4 | Bachillerato y Técnicos Medios |
| 5 | Técnico Superior Universitario |
| 6 | Profesional Universitario |
| 7 | Profesional con Especialidad |
| 8 | Profesional con Maestría |
| 9 | Profesional con Doctorado |

- Con el nuevo Registro de Identidad Ciudadana, al recibir la nueva cédula se le asigna a cada ciudadano un buzón de correo electrónico del tipo *V-########@Venezuela.id*, en la cual *V-########* es el número de cédula del ciudadano: iniciando con una V si es venezolano o una E si es extranjero residente. Esa dirección de correo es la vía principal de comunicación entre la República y sus ciudadanos para solicitar y recibir citas, realizar trámites oficiales ante organismos nacionales, constancias, certificados, etc. Quienes no son usuarios de computadoras e Internet, deben solicitar la ayuda de algún pariente o persona de confianza para que le configure su cuenta de correo para que envíe una notificación de recepción de nuevo correo al buzón de la(s) persona(s) de confianza que servirá(n) de intermediaria(s).

- A cada ciudadano, al recibir su primera Cédula de Ciudadanía, también se le asigna una cuenta bancaria en el nuevo **Banco Nacional de los Ciudadanos de VENEZUELA «BANCVEN»** y en esa cuenta reciben los dividendos derivados de las acciones de cada ciudadano, las pensiones, cargos por multas y cualquier otro movimiento de fondos entre la República y sus ciudadanos. En ese banco tienen al menos una cuenta TODOS los ciudadanos de VENEZUELA debidamente cedulados, tanto los residentes nacionales y extranjeros, como los nacionales que están residiendo en otros países. El banco también ofrece todos los servicios de cualquier entidad bancaria moderna y de alcance internacional.

- Luego de saneado el Registro de Identidad Ciudadana, se determinó que el República de VENEZUELA c.a. se inició aquel 1° de enero (Día Cero) con 26 362 773 ciudadanos, de los cuales 5 747 590 (21,8 %) estaban en ese momento residiendo en el exterior y 3 488 978 (13,2 %) eran extranjeros residentes en el país.

| CIUDADANÍA DE LA REPÚBLICA DE VENEZUELA C.A. | | |
|---|---|---|
| Grupos de Ciudadanía según Nacionalidad y Residencia | Habitantes | Proporción |
| • Venezolanos por Nacimiento Residentes | 13 079 341 | 49,6% |
| • Venezolanos por Naturalización Residentes | 4 046 864 | 15,4% |
| • Extranjeros Residentes | 3 488 978 | 13,2% |
| **TOTAL DE CIUDADANOS RESIDENTES** | **20 615 183** | **78,2%** |
| • Venezolanos residentes en el exterior | 5 747 590 | 21,8% |
| CIUDADANOS DE VENEZUELA c.a. en el "Día Cero" = | 26 362 773 | 100,0% |

- Al cabo de los primeros 10 años, la ciudadanía del país había aumentado a 34,4 millones de habitantes, con 2,5 % en el exterior y la proporción de extranjeros residentes en el país había disminuido a 8,8 %, principalmente por el incremento en la tasa de naturalizaciones. A los 15 años la ciudadanía casi alcanzó los 40,2 millones, con solo 0,8 % residiendo en el exterior y 8,5 % de extranjeros residentes. A los 20 años la ciudadanía superó los 47,2 millones, con 0,7 % residiendo en el exterior y 8,8 % de extranjeros residentes.

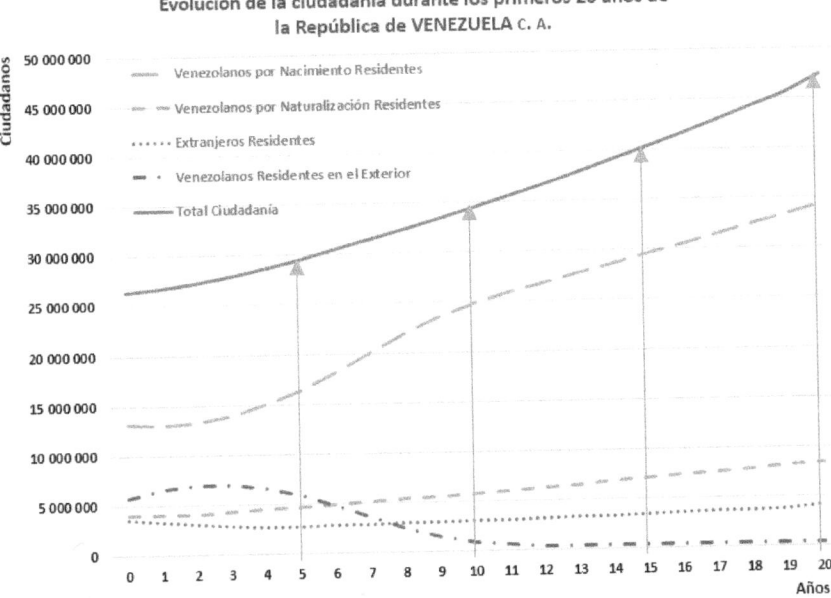

Evolución de la ciudadanía durante los primeros 20 años de la República de VENEZUELA C. A.

- El **Capital Social** de fundación fue establecido en **24 billones de dólares americanos ($24 x 10$^{12}$)**. Cada uno de esos billones equivale a un millón de millones ($10^{12}$), no a mil millones como es la usanza del término «*billions*» en inglés. El Capital Social quedó pagado y respaldado íntegramente con el valor de mercado de las reservas certificadas de los principales recursos naturales del país, excluyendo los recursos bióticos que no fueron incluidos en el inventario. Se consideró el valor promedio en el mercado internacional para cada recurso y en el caso de los recursos minerales del subsuelo, se descontó el costo de extracción.

*¿Una guía para el futuro?*

## BIENES QUE RESPALDAN EL CAPITAL SOCIAL DE LA
## REPÚBLICA DE VENEZUELA C.A.

| Recurso Natural | Cantidad | Unidades | Valor Unitario | Valor TOTAL |
|---|---|---|---|---|
| Territorio Continental | 1 074 711 | km² | $10 000 | $10 747 110 000 |
| Territorio Insular | 1 276 | km² | $50 000 | $63 800 000 |
| Plataforma Continental : | 98 500 | km² | $5 000 | $492 500 000 |
| Costa Marítima | 2 183 | km | $50 000 | $109 150 000 |
| Agua Dulce | 1 320 | km³ | | |
|  | 1 320 000 000 000 | m³ | $7,50 | $9 900 000 000 000 |
| Petróleo | 309 000 000 000 | Barriles | $25 | $7 725 000 000 000 |
| Gas Natural | 197 100 000 000 000 | pie³ | | |
|  | 5 581 251 135 203 | m³ | $0,70 | $3 906 875 794 642 |
| Carbón Mineral | 10 000 000 000 | ton | $60,00 | $600 000 000 000 |
| Hierro | 12 000 000 000 | ton | $70 | $840 000 000 000 |
| Bauxita | 321 350 000 | ton | $50 | $16 067 500 000 |
| Oro | 2 450 | ton | $65 000/kg | $159 250 000 000 |
| Níquel | 28 928 000 | ton | $20 000 | $578 560 000 000 |
| Diamantes | 1 020 000 000 | quilates | $150 | $153 000 000 000 |
| Coltán | 250 000 | ton | $500/kg | $125 000 000 000 |
| Torio | 300 000 | ton | $50/kg | $15 000 000 000 |
| **TOTAL VALOR DEL PATRIMONIO DE RESPALDO AL CAPITAL SOCIAL =** | | | | **$24 030 165 854 642** |

- Con ese Capital Social, la **República de VENEZUELA C.A.** se estableció de una vez como la mayor empresa privada del mundo, superando en unas **8 veces** el valor de la empresa que estaba en primer lugar en la estadística mundial que era la estadounidense **Apple Inc.** y superando en más de **109 veces** el patrimonio económico de la persona más rica del mundo en ese momento que era **Elon Musk**.

- En la Constitución Nacional se define que el Capital Social se distribuye en dos tipos de acciones que son:

  ♦ **Tipo α (Alfa): Acciones de Ciudadanía** que solo pueden ser propiedad de <u>personas naturales</u> que tengan la nacionalidad venezolana, bien sea por nacimiento o por naturalización; no pueden ser vendidas o transferidas a personas jurídicas. Estas acciones tienen valor nominal de **$1000,00** por acción y en total representan **66,67 % (⅔)** del Capital Social de la República de VENEZUELA C.A. Se estableció un lapso de 5 años sin que ninguna de las acciones del **Tipo α** pudieran ser vendidas, traspasadas u ofrecidas como garantía financiera. La única enajenación permitida durante ese lapso era a través de la herencia cuando fallecía su tenedor legal o propietario. Este lapso de 5 años fue establecido para evitar la tentación de que los ciudadanos al recibir las acciones las vendieran rápidamente para transformarlas en liquidez o en otros bienes, porque esa sobreoferta de acciones en el mercado hubiese hecho bajar considerablemente el valor real de las acciones. Fue necesario dar oportunidad a los ciudadanos para que aprendieran a valorar la importancia de conservar la posesión de sus acciones. Después que empezaron a recibir los dividendos, los accionistas estaban más reacios a vender sus acciones y esto favoreció el aumento de su valor en el mercado.

- ♦ **Tipo β (Beta): Acciones de Inversión** que también tienen el valor nominal a razón de **$1000,00** por acción y sí pueden ser propiedad de personas naturales o jurídicas, nacionales o extranjeras. Las acciones **Tipo β** representan **33,33 % (⅓)** del Capital Social de la República.

- Luego de completado el proceso de registro de identidad de toda la población, a los ciudadanos que tenían la nacionalidad venezolana <u>por nacimiento o por naturalización,</u> que estaban vivos y <u>residiendo en el país</u> aquel 1° de enero cuando entró en vigencia la nueva Constitución Nacional (Día Cero), se les asignaron a cada uno **500 acciones del Tipo α**, las cuales representan un patrimonio de **$500 000,00** para cada uno de los 17 126 205 ciudadanos venezolanos residentes en el país.

- A los ciudadanos con la nacionalidad venezolana, pero que tenían más de tres meses residiendo en cualquier otro país cuando entró en vigencia la nueva Constitución Nacional, se les asignaron solo **250 acciones del Tipo α** que representan **$250 000,00** para cada uno de los 5 747 590 ciudadanos venezolanos que estaban residiendo en el exterior. A quienes retornaron después de haber entrado en vigencia la nueva República de VENEZUELA c.a. se les exigió la permanencia como residentes del país durante un lapso ininterrumpido de 5 años continuos para recibir la adjudicación de las restantes 250 acciones.

Esto resultó en un importante estímulo para el retorno de quienes habían emigrado. Se consideraron interrupciones del lapso de residencia cualquier permanencia en el exterior superior a 90 días.

- A los ciudadanos extranjeros que estaban residiendo en el país no se le asignaron acciones, pero luego de completar 10 años de residencia ininterrumpida, podían solicitar la naturalización y al recibir la nacionalidad también recibían la adjudicación de sus 500 acciones del Tipo α. Igual que en el caso de los retornantes, se consideraron interrupciones del lapso de residencia, los viajes al exterior con permanencia mayor a 90 días.

- Todo eso representó **10 000 millones** de acciones **Tipo α** que fueron distribuidas entre la población, representando 41,67 % de la totalidad del Capital Social. Dicho en otras palabras, el Capital Social que quedó **suscrito y pagado** fue de **10,0 billones de dólares americanos**.

- Del restante 58,33 % del Capital Social se emitieron otras 6000 millones de acciones adicionales del **Tipo α** con valor nominal de **$1000,00** cada una, que quedaron pagadas, pero aún sin asignar a nadie (por suscribir) para respaldar el futuro crecimiento de la población del país.

- Los restantes **$8 000 000 000 000,00** del Capital Social quedaron representados por 8000 millones de acciones del **Tipo β** con valor nominal de **$1000,00** cada una para ser vendidas a inversionistas y empresarios, las cuales fueron colocadas en subasta en las principales bolsas de valores del mundo desarrollado; en especial las bolsas de New York, Londres, Fráncfort, Toronto, Tokio, Australia, Sao Paulo, Hong Kong y Shangai.

- La oferta de acciones **Tipo β** en el mercado internacional fue recibida al principio con mucho asombro e incredulidad por los inversionistas. Era la primera vez que se ofrecían en subasta pública acciones de un país. En los primeros meses hubo mucho temor y rechazo a invertir en esas acciones de un país con un nuevo modelo de Estado; pero cuando se fue conociendo en el mundo que se trataba de aquel mismo país que fue famoso por sus extraordinarias riquezas naturales y se difundieron los planes para su desarrollo, antes del año empezaron a surgir ofertas y los cuantiosos ingresos que recibió el país por la venta de las acciones fueron invertidos, tal como lo establece la Constitución Nacional, en inversiones en activos fijos (infraestructura, servicios, educación, telecomunicaciones, industria energética, hospitales, universidades, transporte público masivo, ferrocarriles y metros, etc.). También se incrementó notablemente el apoyo financiero interno a la agricultura, la ganadería, el turismo y para la industria en general.

- Para los inversionistas, la adquisición de acciones **Tipo β** no solamente era una excelente inversión en sí misma; sino que abría las puertas para poder desarrollar empresas en VENEZUELA mediante las numerosas concesiones para el manejo de bienes y servicios de la República de VENEZUELA c.a. Grandes empresas del mundo empezaron a invertir en nuevas plantas de producción de vehículos y camiones, embarcaciones, productos alimenticios, bebidas, motores y generadores eléctricos, entre otras.

- **Propiedad Privada:** La totalidad del país quedó bajo dominio de la propiedad privada bajo dos modalidades claramente definidas en la Constitución Nacional:

  ◆ **Propiedad Privada Individual:** Son los bienes que son propiedad de personas naturales o jurídicas. La Constitución Nacional estableció que reconocía la propiedad de todos los bienes que eran propiedad privada. Solo fueron expropiados los bienes que se demostró en juicios que fueron obtenidos o desarrollados con capitales obtenidos del narcotráfico o de la corrupción. Esos bienes expropiados fueron luego privatizados y vendidos mediante licitaciones públicas. Igualmente, todas las fincas, industrias y empresas que fueron expropiadas durante el régimen comunista, fueron de nuevo privatizadas. Las que no fueron pagadas a sus propietarios, les fueron devueltas; y las que sí habían sido pagadas, fueron vendidas en subastas públicas mediante licitaciones.

- ◆ **Propiedad Privada Colectiva:** Los bienes que eran de propiedad pública pasaron a ser propiedad privada de todos los venezolanos, según la cantidad de acciones que tenga cada ciudadano. Los bienes de propiedad colectiva quedaron bajo administración del Gobierno, el cual puede otorgar concesiones, siempre con limitaciones expresas de su objetivo y de su alcance en tiempo y espacio, para su administración por terceras personas, naturales o jurídicas, a cambio de un pago de regalías por su usufructo.

- Todas las **áreas protegidas** como parques nacionales, reservas de biósfera, reservas forestales, refugios y reservas de fauna silvestre, monumentos naturales, lotes boscosos bajo protección, etc. quedaron como propiedad colectiva y continuaron cumpliendo con sus objetivos de protección a la naturaleza y el ambiente. Algunas de las áreas protegidas que tienen potencial para usos recreativos y turísticos fueron entregadas en concesión a empresas privadas que promueven y administran el turismo sostenible y cumplen con las funciones de resguardo a la naturaleza y vigilancia. Sin que eso signifique que el Ministerio del Ambiente desatienda la vigilancia y supervisión de esas áreas.

- Los recursos de la **biodiversidad o bióticos** son ahora propiedad del dueño de la tierra donde habitan o se desarrollan. En las tierras que no tienen ningún propietario independiente, los recursos bióticos son de propiedad colectiva. En todo caso, cualquier explotación de recursos de la biodiversidad está sujeta a severas normas y bajo supervisión de la República para garantizar su conservación.

- Los **recursos naturales minerales del suelo y del subsuelo**, incluidos el petróleo y el gas natural, las aguas superficiales y subterráneas, son de propiedad colectiva y son el principal respaldo de las acciones y del

Capital Social de la República; pero su explotación, manejo y administración es realizada por empresas privadas que reciben concesiones y pagan a la República una porción de los ingresos brutos por el derecho de propiedad o regalías. La tasa de regalías oscila entre 20 y 50 % dependiendo del recurso al cual se refiere la concesión.

- La generación, distribución y mercadeo de la electricidad y los servicios de telecomunicaciones (radio, TV, telefonía e Internet) fueron privatizados.

- **Impuestos:** Se estableció el **Impuesto Único al Débito Bancario «IUDB»** de 1,50 % para las cuentas de personas naturales; 2,50 % para las cuentas de personas jurídicas y 3,50 % para las transferencias recibidas desde cuentas en bancos del exterior. Este impuesto se descuenta automáticamente a la cuenta bancaria de la cual se realiza cualquier retiro, débito o transferencia. Las transferencias a cuentas del mismo titular, aunque sean en otros bancos nacionales, no pagan el IUDB. El IUDB es transferido inmediatamente a las cuentas de fisco de la siguiente forma: 40 % para el Fisco del estado, otro 40 % distribuido en partes iguales a todos los municipios de ese estado y 20 % para el Fisco Nacional.

- Se eliminaron totalmente el Impuesto sobre la Renta «ISLR» y el Impuesto al Valor Agregado «IVA»; por lo tanto, no es necesario para NADIE la declaración mensual ni anual de ingresos y ganancias. Con ello se redujo considerablemente la cantidad de empleados –y la corrupción– del organismo responsable de la recaudación de impuestos. Se mantienen algunos impuestos aduanales para la importación de productos que también se producen internamente, principalmente alimentos, con el fin de proteger la producción nacional.

- **Concesiones:** Como se dijo antes, la República otorga concesiones a personas naturales o empresas privadas para la administración, manejo y usufructo de bienes y servicios que tienen como base propiedades colectivas. Para ser beneficiario de una concesión se debe ser titular o poseedor de una cantidad mínima de acciones del **Tipo α** o del **Tipo β** definida en la convocatoria de la licitación. Para el otorgamiento de las concesiones se realizan licitaciones públicas transparentes, donde cualquier ciudadano puede conocer a través del sitio en Internet de la **Comisión Nacional de Licitaciones «CNL»**, los detalles de todo el proceso y de quiénes están participando en la licitación. La CNL hace la preselección de un mínimo de tres empresas participantes y publica los detalles de cada empresa, así como de la oferta que hace cada una de ellas a la República. Luego, se realiza una Consulta Pública para que sean los ciudadanos quienes decidan a cuál aspirante se le otorgará la concesión. En el caso de que se trate de un bien, servicio o recurso que solo tiene importancia para un estado o región del país, la consulta pública se realiza únicamente en la región administrativa correspondiente. Si en una convocatoria a licitación no se postulan más de tres interesados, la convocatoria se suspende y se repite luego de un lapso de al menos 60 días. Si luego de tres convocatorias, se repite la baja participación, se realiza la consulta pública con todas las empresas que participen en la tercera convocatoria. Aunque en las Consultas para aprobar licitaciones pueden votar todos los ciudadanos hábiles del Registro Electoral, en la práctica en estas consultas votan casi exclusivamente los ciudadanos con Nivel de Instrucción #5 o superior.

- **Indicadores Económicos:**

  ♦ **Deuda Externa:** La deuda externa de la República narco-socio-comunista fue dejada por la dictadura en más de 180 mil millones de dólares americanos y durante los cuatro años transcurridos hasta el inicio de la República de VENEZUELA c.a. no se había logrado pagar ni un solo centavo de esa deuda; por el contrario, se había incrementado hasta $183 640 millones. Luego de fundada la República de VENEZUELA c.a., cuando se empezaron a vender en el mundo las acciones Tipo β, se hizo una Consulta Popular para decidir si se invertía parte de esos ingresos en pagar la deuda externa. Tomando en consideración que el total de la deuda externa que para la fecha era ya de aproximadamente 185 mil millones, lo cual representaba apenas 2,31 % de los 8 billones que debían ingresar por la venta de las acciones Tipo β, se aprobó sin resquemores que se pagara totalmente la deuda externa al recibir los fondos suficientes para ello. Aunque la venta de acciones se inició formalmente en el año 2, fue en el año 3 cuando de una vez se pagó toda la deuda externa. El país ahora no era solo liberal en su economía, libertario en su accionar y libre de invasores, sino que también quedó libre de endeudamientos.

♦ **Revalorización de la Moneda:** Luego de leve disminución durante los primeros 5 años, el valor del bolo en el mercado internacional se fue recuperando y para el año 10 ya se cotizaba en $0,01146 por bolo, lo que equivale a ƀ87,26 por dólar americano. Eso representó una revalorización interanual de 1,37 %. 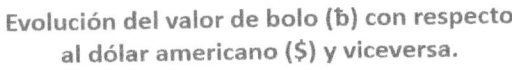 Al cierre del año 15 la cotización estuvo en ƀ73,25/$, para el año 20 en ƀ59,05/$ y para el cierre del año 25 ya el bolo había más que duplicado su valor inicial y estaba en ƀ48,48/$. A partir del año 27 la tasa de cambio empezó a mostrar tendencia a estabilizarse alrededor de ƀ45,00/$.

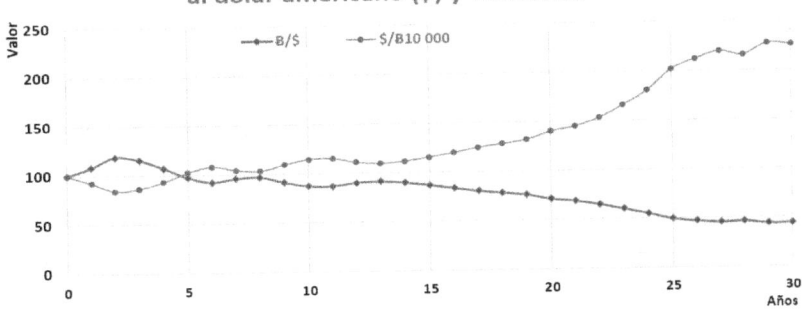

Evolución del valor de bolo (ƀ) con respecto al dólar americano ($) y viceversa.

- **Valor Real de las Acciones:** El pago de la deuda externa realizado en el año 3 fue una noticia de gran impacto, no solo en el país, sino en el mundo entero y eso generó un notable incremento casi inmediato en el valor de las acciones Tipo β que por primera vez superaron los $1250 y a partir de esa fecha nunca más han bajado de $1200/acción. Para el año 30 cerraron en $1333. El mercado de las acciones Tipo α ha mostrado menor movilidad, impulsado principalmente por ciudadanos que desean invertir en esas acciones que cada año generan mayor rendimiento en dividendos. En general, los poseedores de estas acciones están conscientes de la importancia de mantener la posesión de las acciones, pero siempre hay algunos que venden acciones para atender tratamientos médicos, para invertir en viviendas, en algún vehículo o para establecer sus propios negocios.

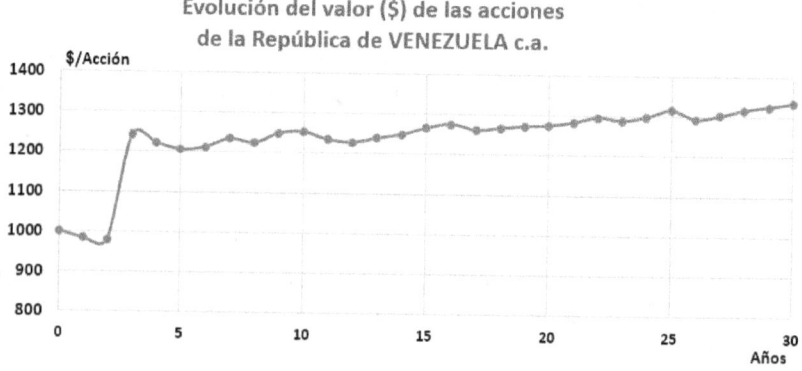

Evolución del valor ($) de las acciones de la República de VENEZUELA c.a.

- **Aumento del Capital Social:** En el año 12 se hizo el primer aumento del Capital Social de la República. El aumento fue a 42 billones de dólares americanos ($42 \times 10^{12}$), respaldando esos $18 billones de incremento con las reservas en dólares que había acumulado el Banco Central de VENEZUELA, así como en el aumento de los precios de las reservas de recursos naturales, principalmente el petróleo, el gas natural, el hierro y el torio. Con ese aumento del Capital Social se crearon 12 000 millones de nuevas acciones **Tipo α** y 6000 millones de acciones **Tipo β**, ambos tipos de acciones se conservaron con el valor nominal de $1000. Las acciones Tipo β fueron subastadas en las bolsas de valores del mundo y en el lapso de un año se vendieron todas a un valor promedio de $1227,75/acción; lo cual indicaba que la empresa republicana estaba marchando bien.

- ♦ **Repartición de Dividendos:** Durante los primeros 3 años no se distribuyeron dividendos a los accionistas. Los dividendos de esos años fueron reinvertidos en mejorar la infraestructura y los servicios del país que necesitaban ser atendidos con urgencia. A partir del año 4, al cierre del ejercicio económico de cada año, los accionistas recibieron dividendos equivalentes a 2,35 % del valor nominal de sus acciones y fue incrementándose progresivamente el rendimiento hasta que a partir del año 12 el rendimiento anual se estabilizó oscilando entre 6,20 y 7,50 % del valor nominal de las acciones. Todos los ciudadanos estaban muy satisfechos y felices con la nueva **República de VENEZUELA c.a.** porque con ese ingreso que oscila entre $31 000 y $37 500, recibido al inicio de cada año <u>por cada ciudadano</u>, representa un muy importante factor para mejorar el bienestar de las familias.

- **Educación Primaria y Secundaria:** La educación primaria y secundaria es gratuita y administrada directamente por el Gobierno nacional a través del Ministerio de Educación Básica, Cultura y Deportes. Hay planteles privados, pero todos deben aplicar los mismos planes de estudio definidos y supervisados por el Ministerio de Educación Básica, Cultura y Deportes.

- **Universidades:** En la República de VENEZUELA c.a. varias de las universidades que eran de la nación fueron otorgadas en concesión a empresas privadas. La República mantiene solo 12 universidades bajo su administración directa a través del Ministerio de Educación Universitaria, Desarrollo Científico y Tecnológico. Esas 12 universidades tienen presencia con núcleos y oferta de carreras en todos los estados del país.

- Todos los estudiantes universitarios reciben una beca al ingresar como estudiantes a cualquier universidad del país. La beca cubre los costos de matrícula, mensualidades, transporte, alimentación y gastos de los estudios. La beca cubre el costo de la inscripción de cada asignatura, <u>pero solo la primera vez que la curse</u>. El estudiante que deba repetir alguna asignatura, debe cubrir el costo de la matrícula las veces que deba cursarla de nuevo. Para mantenerse como becario se exige un nivel de rendimiento académico de al menos 75 % en la escala de calificaciones o notas.

- Las carreras universitarias y postgrados de mayor demanda, tanto técnicas como humanísticas, son ofrecidas por las universidades privadas y por las que son administradas por medio de concesiones. En cambio, las carreras, especializaciones, maestrías y doctorados con menor demanda, pero que son realmente importantes o necesarias para el país, son ofrecidas por las universidades administradas directamente por el Ministerio de Educación Universitaria, Desarrollo Científico y Tecnológico. Este ministerio mantiene una estricta supervisión de todas las universidades y centros de investigación del país y otorga financiamientos especiales para la construcción y mantenimiento de infraestructuras y equipamiento para las universidades otorgadas en concesión y también para las privadas.

- **Servicios de Salud:** Hay libertad para establecer centros de salud privados y hay muchos en las principales ciudades; pero en todos los pueblos y ciudades del país, por obligación constitucional, debe existir al menos un centro de salud (hospitales, medicaturas, dispensarios de salud, ambulatorios, etc.) adscritos al Ministerio de Salud y Asistencia Social «MSAS», en los cuales se prestan todos los <u>servicios de forma gratuita</u>. Estos centros de salud son administrados por la Gobernación que corresponda a cada jurisdicción, pero se mantienen bajo supervisión directa del MSAS.

- **Desarrollo Urbano:** Algo muy importante que ocurrió luego de iniciarse la repartición anual de dividendos a los accionistas, fue que se disparó la industria de la construcción de viviendas de buena calidad y fueron desapareciendo los ranchos de tablas y láminas de cinc. El aspecto de las grandes ciudades fue cambiando paulatinamente para bien. Los cerros de Caracas que estaban cubiertos de ranchos, fueron transformados progresivamente unos en modernos urbanismos y otros en parques y zonas verdes. La velocidad de estos cambios sorprendió a todos, desde los propios gobernantes, tanto como a los residentes y a los visitantes que regresaban al país después de varios años de ausencia.

- **División Política:** Con el auge económico de la República de VENEZUELA C.A., muchos habitantes del antiguo territorio en reclamación del Esequibo, principalmente hombres jóvenes, ingresaron como trabajadores a VENEZUELA, atendiendo una inteligente política de captación de inmigrantes para mano de obra que le dio prioridad y apoyo a los ciudadanos de ese territorio.

- Factor importante en el rescate del Territorio Esequibo fue haber reconocido la soberanía de Brasil en una franja de la zona sur que no pertenece a la cuenca del Esequibo, sino del río Amazonas. Con ese reconocimiento se le dio preponderancia a las características físico-naturales del territorio y se ganó el importante apoyo de Brasil a la soberanía venezolana sobre toda la cuenca del Esequibo por su margen izquierdo y la porción de la cuenca del Atlántico ubicada entre las desembocaduras del Orinoco y del Esequibo.

- Se solicitó a las Naciones Unidas y se estimuló a los pobladores del territorio en reclamación para que solicitaran un referéndum sobre la anexión definitiva a Venezuela. En el referéndum realizado por la ONU la población votó mayoritariamente a favor de que su territorio formara parte definitivamente de la **República de VENEZUELA C.A.** De inmediato fue declarado como el 25° estado del país y se iniciaron los esfuerzos para su ocupación pacífica, desarrollo y atención. Los pobladores que no estuvieron de acuerdo, migraron hacia el margen derecho del Esequibo que fue el territorio que le quedó a la República de Guyana.

- Tres años después, el Presidente de la República hizo una propuesta de algunos cambios a la división política del país y fue aprobada en el referéndum consultivo correspondiente. Así, el Estado Esequibo fue dividido en dos partes que fueron las siguientes:

  - El «**Estado Esequibo**» quedó conformado únicamente por toda la cuenca del margen izquierdo del río Esequibo, incluyendo la totalidad de la cuenca del río Cuyuní y algunos afluentes menores que aunque nacen en Venezuela, sus aguas corren para el río Esequibo. Su capital quedó establecida en la ciudad de El Callao. En este estado, las subcuencas de los ríos Cuyuní y Mazaruní quedaron destinadas para la minería de oro, diamantes y otros minerales, siempre bajo severas normas para la recuperación y conservación ambiental. La zona sur del estado que es la cuenca alta del río Esequibo se dejó destinada a la protección forestal con prohibición total de extracción de recursos naturales durante un lapso de 100 años.

  - El «**Estado Atlántico**» quedó formado por las cuencas de los pequeños ríos que están ubicados entre el delta del Orinoco y la desembocadura del río Esequibo y que desembocan directamente al océano Atlántico. Este estado incluye además la totalidad del antiguo estado Delta Amacuro y las cuencas que pertenecían al estado Bolívar, de los últimos ríos que son afluentes del Orinoco por su margen derecha. Su capital es la **Ciudad Mercantil Atlas**, que es una moderna ciudad y puerto marítimo que fue construida desde cero, en una localidad donde no existía ningún asentamiento humano. Atlas se desarrolló rápidamente y se convirtió en un importante polo de desarrollo económico, ubicado en la costa atlántica de la nación, unida por una autopista y un ferrocarril con Puerto Ordaz, Ciudad Bolívar y de allí hacia Caracas y el resto del país.

- Al **Estado Bolívar** se le redujo su superficie en aproximadamente 600 km² al ceder al nuevo **Estado Esequibo** las cuencas altas del río Cuyuní y otros ríos menores que son afluentes del río Esequibo; así como las cuencas de los últimos afluentes del Orinoco por su margen derecha, que pasaron a formar parte del **Estado Atlántico**.

- El 19 de Julio del año 2040 se le cambió el nombre al antiguo estado Portuguesa y pasó a denominarse «**Estado UNDA**» en honor a Monseñor Dr. José Vicente de UNDA, ilustre prócer de la Independencia nacido en la ciudad de Guanare. Monseñor Unda fue uno de los firmantes del Acta de Independencia de Venezuela en 1811 y luego de la Independencia se desempeñó como obispo de la ciudad de Mérida.

- **Nuevos Polos de Desarrollo:** Se fundaron y construyeron tres nuevas ciudades en tierras donde no existía prácticamente nada. La primera es la **Ciudad Mercantil PARAIMA**, ubicada en el centro-norte del estado Cojedes, en los 9° 28'N 68° 10'O, en el centro gravitacional demográfico de la República que es el punto central de todos los habitantes del país: cualquier línea recta que pase por ese sitio, en cualquier dirección, divide la población total del país en dos partes con igual cantidad de habitantes. Otra nueva ciudad en el oriente, la **Ciudad Mercantil MEREYAL**, ubicada al sur del estado Anzoátegui, en los 8°00'N 65°00'O, a 25 km del río Orinoco; y la tercera, la **Ciudad Mercantil ATLAS** ya mencionada, ubicada en los 8°00'N 59°15'O, en la costa del nuevo Estado Atlántico.

- Esas tres ciudades Paraima, Mereyal y Atlas fueron establecidas con un novedoso concepto urbanístico en el cual cada vivienda tiene anexo un local comercial como propiedad indivisible de la vivienda. Por eso se denominan **Ciudades Mercantiles**. Cada manzana tiene 250 m x 250 m

### ¿Una guía para el futuro?

medidas desde el centro de las avenidas circundantes y consta de 27 parcelas residenciales-comerciales. Cada parcela tiene una vivienda familiar y un local; las viviendas tienen el frente hacia el centro de la manzana donde hay una plaza de una hectárea como zona verde. Cada vivienda tiene en el fondo de la misma parcela un local comercial que sí tiene el frente hacia la avenida circundante de la manzana. Las manzanas son de uso residencial-familiar hacia su centro y de uso comercial por la periferia.

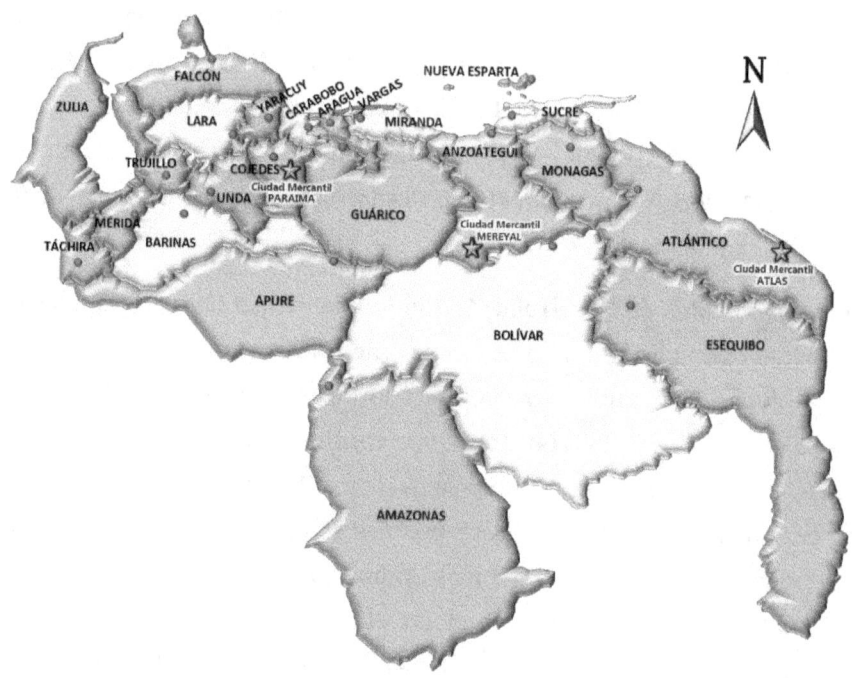

Mapa de la República de VENEZUELA c.a.
con la nueva división política y con las tres nuevas
Ciudades Mercantiles PARAIMA, MEREYAL y ATLAS.

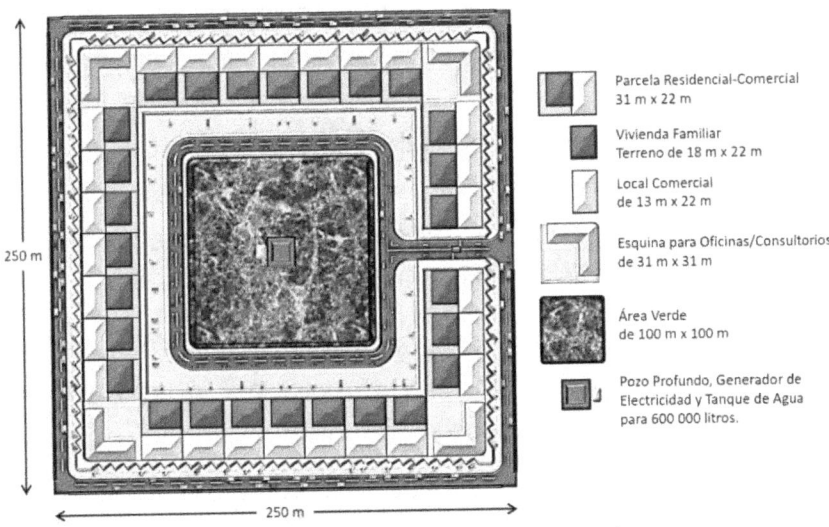

Manzana residencial-comercial de las
Ciudades Mercantiles PARAIMA, MEREYAL y ATLAS.

- Las tres Ciudades Mercantiles tomaron un rápido impulso como vía de desahogo para las grandes ciudades del centro del país. Muchos inmigrantes se vinieron a vivir y a trabajar en Venezuela con el interés de radicarse en alguna de estas modernas ciudades.

- **Desarrollo Rural:** La agricultura y los campos en general quedaron depauperados con los más de 20 años de desatención y desestímulos a los inversionistas (expropiaciones, ausencia de financiamiento, escasez y carestía de insumos, maquinarias y equipos). Con la nueva República se estimuló el desarrollo rural desde múltiples frentes: se establecieron programas de financiamiento a la producción de los principales rubros agrícolas y pecuarios, se fortaleció el equipamiento con la importación de maquinarias modernas y se mejoraron la vialidad y las telecomunicaciones en el medio rural. También se crearon nuevas escuelas, liceos e institutos de educación técnica en el medio rural para que los jóvenes de origen rural no tengan que emigrar a las ciudades, sino que se formen y luego obtengan empleos productivos en ese importante sector de la economía para cualquier país.

## ¿Una guía para el futuro?

- Por ser un país tropical, se le dio impulso con mayor énfasis a los cultivos de ciclo largo, con los cuales se puede ser más competitivos en el mercado internacional, principalmente las plantaciones de frutales, caña de azúcar, textiles, forestales, café y cacao. Con fines de autoabastecimiento interno se promueven las siembras de arroz, maíz, leguminosas para consumo (frijoles y otros granos), oleaginosas (girasol, palmas aceiteras, ajonjolí, maní) y hortalizas.

- En el área de la ganadería se le dio un importante impulso a la ganadería de doble propósito con búfalos y con vacunos. Se importaron de Bulgaria, Brasil, Italia e India semovientes bufalinos, semen y embriones congelados, de razas especializadas de doble propósito carne/leche y leche/carne. También se impulsaron las ganaderías ovina y caprina en las zonas de mayor vocación natural para esos sistemas de producción.

- Se estableció un **Programa Especial para la Producción y Conservación del Chigüire «PROCHIGÜIRE»** que se inició con una veda total y absoluta durante 5 años, con severa penalización a los infractores. El chigüire es el mismo animal  (*Hydrochoerus hydrochaeris*) conocido en otros países como capibara o carpincho. Luego de finalizado el período de veda se establecieron cinco zoocriaderos de chigüire con selección y mejoramiento genético de la especie como productora de carne. Se fomentó el consumo de esta carne, no solo salada y desecada como era el consumo tradicional, sino ahora también hay comercio y consumo de carne fresca de chigüire durante todo el año y hasta carne procesada en forma de jamones, salchichas, etc.

- A pesar de ser un país productor y exportador de petróleo, se inició el fomento de la producción de biodiésel a partir de plantaciones de palmas y árboles oleaginosos, principalmente con fines de autoabastecimiento interno de las fincas agrícolas para disminuir su dependencia del combustible derivado del petróleo. En las fincas agrícolas grandes, con elevado uso de maquinarias impulsadas por motores diésel, tales como tractores, cosechadoras, bombas de riego, camiones y generadores de electricidad, se establecen pequeñas plantaciones de árboles y palmas oleaginosas y a partir de esa producción se obtiene y procesa en las fincas el aceite para convertirlo en biodiésel. Algunas fincas ya han comenzado a producir este combustible no solo para autoabastecimiento, sino también para vender a empresas de transporte de carga (camiones y gandolas) y de pasajeros (autobuses y busetas).

- **Ambiente:** Fue restituido el Ministerio del Ambiente con todas sus atribuciones y competencias relacionadas con la administración y supervisión del uso y conservación de los recursos naturales renovables (aire, aguas, suelos, flora y fauna silvestre). Se fortalecieron las leyes y normas de protección ambiental, se creó el **Tribunal Ambiental** en el Poder Judicial, con representación en todos los estados del país. De este tribunal depende la **Fiscalía Ambiental** que es la instancia de supervisión y sustanciación de expedientes en los casos de violación a las normas de protección al ambiente.

- Fueron declaradas nuevas áreas protegidas con fines de conservación de la diversidad biológica, de las cuencas altas de los principales ríos del país y de ecosistemas considerados frágiles o de importancia ecológica. Las áreas protegidas que ya existían fueron reforzadas en su dotación y vigilancia para asegurar el cumplimiento de sus objetivos de conservación.

- Cerca de 50 % de la superficie del nuevo estado Esequibo fue declarado como **Reserva de Biósfera** con expresa prohibición de actividades mineras y extractivas de recursos de la biodiversidad. Solo se permitirá el uso local de los recursos bióticos a sus habitantes durante los próximos 100 años.

- Se detuvo y se combate efectivamente la minería irracional y destructiva de oro, diamantes y coltán al sur del río Orinoco. Algunos de los inversionistas que adquirieron acciones Tipo β recibieron concesiones para extracción de esos minerales de los sedimentos arrastrados por los grandes ríos, sin afectar los suelos de las riberas y de la selva. Solo se realiza extracción selectiva del sedimento del fondo de los cauces de los ríos Cuyuní y Mazaruní, utilizando balsas con modernas maquinarias que detectan bajo el agua los sitios de mayor acumulación de sedimentos, los bombean a la balsa, allí mismo realizan la separación de los materiales de interés y regresan los sedimentos al fondo del cauce. Con estos sistemas ni siquiera se enturbian las aguas porque al aumentar la turbidez, la máquina se detiene automáticamente porque el sistema de detección de sedimentos no puede trabajar con aguas demasiado turbias. Mientras el agua no aclare y haya regresado a sus valores normales, no se puede volver a activar el sistema.

- Las empresas y usuarios que reciben concesiones para la explotación de recursos naturales, incluyendo recursos de la biodiversidad, deben cumplir estrictas normas ambientales y deben retribuir a la naturaleza con esfuerzos locales para su recuperación y conservación mediante la siembra de árboles y palmas de especies autóctonas.

- En el año 1, el Presidente Fundador dictó un decreto de veda permanente para algunas especies de árboles maderables y en el mismo decreto se estableció que a partir del año 7 solo se permitiría la tala con fines de aprovechamiento de la madera en bosques que hayan sido plantados con esa finalidad. Ese decreto también estableció que las plantaciones forestales deben incluir un mínimo de 10 % de especies autóctonas que no sean maderables, sino productoras de frutos y néctar para la fauna silvestre.

- Se establecieron nuevos sistemas de vigilancia y se fortalecieron las penalizaciones para los infractores de las normas y leyes de protección ambiental. No solo multas, sino también penas de cárcel. Cuando el infractor es una persona o empresa titular o trabajador de una concesión, esta cesa automáticamente y la empresa infractora no puede ser beneficiario de ninguna otra concesión.

## El Sistema de Gobierno Empresarial

En cualquier compañía o empresa privada, son los propietarios o accionistas quienes toman las grandes decisiones que puedan definir el rumbo y futuro de la organización; pero siempre es necesaria una junta directiva o administradora que se encarga de tomar las decisiones del día a día de la empresa. Así mismo, en la República de VENEZUELA c.a., el encargado y responsable de tomar las decisiones es el **Gobierno Civil** que está integrado por tres poderes: el **Poder Legislativo**, el **Poder Ejecutivo** y el **Poder Judicial**, que son los equivalentes a los tres poderes públicos que rigen una República tradicional. Sin embargo, en la República de VENEZUELA c.a. hay algunas diferencias importantes y son las siguientes:

- El Poder Legislativo no se denomina congreso ni asamblea, se denomina simplemente así mismo: **Poder Legislativo**. Es el responsable de elaborar y mantener actualizado el complejo entramado de normas, resoluciones y leyes que rigen el país en todos sus aspectos. Está integrado por **150 Diputados y 50 Senadores** que son electos por votación, seleccionados nominalmente de la lista de postulados. Los candidatos pueden ser postulados por los partidos políticos, por las asociaciones gremiales o por Iniciativa Propia, para lo cual, además de cumplir con todos los requisitos personales, se deben presentar las firmas y huellas digitales de 5 % de los electores de la jurisdicción a la cual se aspira representar. Para cada Diputado y cada Senador su jurisdicción de elección es un estado.

- Para poder ser postulado a **Diputado** se requiere ser mayor de 30 años, con al menos el Nivel de Instrucción 7 (profesional universitario con especialidad), ser residente del estado y no haber sido objeto de ninguna sanción penal o judicial por algún delito de cualquier índole, aunque la condena haya sido cumplida. Los Diputados son electos proporcionalmente en los 25 estados del país, según la cantidad de electores de cada estado; incluyendo el estado Esequibo.

- Para ser postulado a **Senador** se requiere ser mayor de 40 años, poseer el Nivel de Instrucción 9 (profesional universitario con doctorado) y no haber sido objeto de ninguna sanción penal o judicial por algún delito de cualquier índole, aunque la condena haya sido cumplida. Los Senadores son electos dos por cada uno de los 25 estados de la República y conforman la instancia de supervisión, control interno, administración y aprobación final de todas las decisiones del **Poder Legislativo**. El Poder Legislativo está dirigido por una Junta Directiva integrada por un Senador como Presidente, un Diputado como Vicepresidente y otro como Director.

- Por su parte, el **Poder Ejecutivo** es el responsable de la administración de la República de VENEZUELA c.a., es equivalente a la Junta Directiva de una empresa. Está conformado por un Consejo de Ministros integrado por el Presidente de la República y un Vicepresidente Ejecutivo y los siguientes 13 ministros que son <u>designados por el Presidente</u>:

    - Ministro de Asuntos Internacionales (Canciller)
    - Ministro de Asuntos de Internos
    - Ministro de Economía y Finanzas
    - Ministro de Infraestructura y Servicios
    - Ministro de Planificación y Estadística
    - Ministro de Desarrollo Urbano
    - Ministro de Desarrollo Rural
    - Ministro de Educación Básica, Cultura y Deportes
    - Ministro de Educación Universitaria
    - Ministro de Desarrollo Científico y Tecnológico
    - Ministro de Sanidad y Asistencia Social
    - Ministro del Ambiente
    - Ministro de Protección y Soberanía

- Además, también forman parte del **Consejo de Ministros** los siguientes 9 Ministros Regionales:

    - Ministro de la Región Andina
    - Ministro de la Región Capital
    - Ministro de la Región Central
    - Ministro de la Región Centro Occidental
    - Ministro de la Región Costera Oriental
    - Ministro de la Región Insular
    - Ministro de la Región del Llano
    - Ministro de la Región Occidental
    - Ministro de la Región Sur

- Los **Ministros Regionales** no son designados por el Presidente, sino que son electos en sus respectivas regiones. Los candidatos para Ministros Regionales son postulados por los Gobernadores de los estados que integran cada región. Cada estado de la región postula tres candidatos y en votación popular ponderada el pueblo de esa región elige quién será su Ministro Regional.

- Los **Ministros Regionales** no tienen autoridad directa en sus regiones, pero son sus voceros y representantes ante el poder central, contribuyendo con su presencia y participación con el balance de fuerzas dentro del Consejo de Ministros, entre el poder central y los poderes regionales; entre la visión centralista y la visión integral descentralizada del país. Los Ministros Regionales tienen los mismos derechos de voz y voto que el resto de los Ministros, en todas las reuniones del Consejo de Ministros.

- En todas las votaciones internas que se hagan dentro del Consejo de Ministros para tomar cualquier decisión, el voto es secreto para que los ministros que son designados por el Presidente tengan la libertad de votar en contra del Presidente cuando lo consideren necesario, sin el temor a que puedan ser sustituidos por oponérsele.

- El **Poder Judicial** es el encargado de administrar la Justicia para mantener el orden interno y está integrado por 33 Magistrados designados por el **Poder Legislativo** a partir de tres listas de 33 candidatos postulados por cada uno de los Poderes de la República, totalizando 99 postulados. El Poder Legislativo finalmente selecciona 11 Magistrados de cada una de esas tres listas de postulados. Luego, los 33 Magistrados designados designan el Presidente del Poder Judicial y los Presidentes de los seis Tribunales que conforman el Poder Judicial que son el Tribunal Supremo Electoral, Tribunal Constitucional, Tribunal Penal, Tribunal Mercantil, Tribunal Civil y Tribunal Ambiental. El Magistrado Presidente del Poder Judicial no puede presidir ninguno de los tribunales y un mismo Magistrado no puede presidir más de un tribunal, pero sí puede formar parte de hasta tres de ellos. Para ser postulado a Magistrado del Poder Judicial se requiere ser mayor de 40 años y tener el Nivel de Instrucción #9 (profesional universitario con doctorado).

- **Sistema Electoral:** El Poder Judicial incluye el Tribunal Supremo Electoral «TSE» que es el organismo responsable de convocar, organizar y realizar todos las consultas y comicios para elegir los gobernantes en todos los niveles de gobierno en VENEZUELA: nacional, regional, estadal, municipal y parroquial.

- Como en cualquier empresa, son los accionistas quienes toman las grandes decisiones que afecten la dirección y el futuro de la empresa. Todos los venezolanos, incluyendo los menores de edad que ya obtuvieron su Cédula de Ciudadanía, recibieron sus 500 acciones del Tipo α. A partir del año 6 se abrieron las posibilidades de vender esas acciones y muchos ciudadanos hicieron uso de su libertad para venderlas, pero más de 83 % de los venezolanos han conservado sus acciones y alrededor de 12 % han comprado más acciones.

- En la República de VENEZUELA c.a. solamente votan en las elecciones a nivel nacional los <u>ciudadanos venezolanos</u>, mayores de edad y que sean <u>poseedores legales de al menos una acción Tipo α o Tipo β</u>. Para las votaciones en los niveles regional y local, también están habilitados para votar los ciudadanos extranjeros mayores de edad que tengan su Cédula de Ciudadanía y sean poseedores de al menos una acción del **Tipo β**.

- Todas las elecciones se realizan con <u>sistemas de votación y de escrutinio manuales</u>. En aras de la confianza y transparencia de las elecciones, en la Constitución Nacional quedó expresamente prohibido el uso de sistemas electrónicos o digitales para votar y para el escrutinio en cualquier tipo de elección popular. Solo se permite el uso de medios digitales o electrónicos para la transmisión de los resultados de cada centro de votación con la finalidad de acelerar la totalización, pero los únicos resultados válidos definitivos son las Actas de Escrutinio de cada centro de votación y las urnas con los votos en físico, las cuales son resguardadas hasta después de que se complete el período constitucional subsiguiente.

- Los escrutinios de todas las consultas y elecciones para todos los cargos por votación popular de los poderes locales, regionales y nacionales se rigen por la Ley Electoral que establece que la votación en cada mesa electoral se realiza con nueve boletas de votación que son exactamente iguales en las opciones a elegir, pero son diferentes externamente en el color y símbolos: son una para cada Nivel de Instrucción de los electores, según el dígito y símbolo de su cédula de ciudadanía. Cada boleta de votación tiene un color diferente y está identificada claramente con el número y el símbolo correspondiente al grado de instrucción de los electores.

- Los escrutinios que definen el resultado de cada elección se realizan por <u>votos ponderados</u> denominados **«Puntos Electorales»** y no directamente por los votos. El factor de ponderación <u>no es la cantidad de acciones</u> que posee el elector, sino el máximo Nivel de Instrucción alcanzado, según consta en la Cédula de Ciudadanía de cada elector. Los Puntos Electorales recibidos por cada candidatura u opción se calculan multiplicando la cantidad de votos recibidos en cada nivel de instrucción por el número que identifica el nivel de instrucción de los votantes. De esta manera se ha logrado un innovador sistema electoral que pondera los votos según los méritos de cada elector para tomar la decisión, utilizando el grado o nivel de instrucción del elector como índice de esos méritos (factor de ponderación).

Tabla de equivalencias para el cálculo de los Puntos Electorales según el grado o nivel de instrucción de cada elector.

| Símbolo | Nivel de Instrucción | Factor de Ponderación |
|---|---|---|
| 1 | Analfabeta | 1 Voto = 1 Punto Electoral |
| 2 | Alfabetizado | 1 Voto = 2 Puntos Electorales |
| 3 | Primaria Completa | 1 Voto = 3 Puntos Electorales |
| 4 | Bachillerato y Técnicos Medios | 1 Voto = 4 Puntos Electorales |
| 5 | Técnico Superior Universitario | 1 Voto = 5 Puntos Electorales |
| 6 | Profesional Universitario | 1 Voto = 6 Puntos Electorales |
| 7 | Profesional con Especialidad | 1 Voto = 7 Puntos Electorales |
| 8 | Profesional con Maestría | 1 Voto = 8 Puntos Electorales |
| 9 | Profesional con Doctorado | 1 Voto = 9 Puntos Electorales |

- En todas las elecciones, es necesario superar 50 % de los **«Puntos Electorales»** totales para ser proclamado como ganador. En caso de que ninguno de los candidatos supere 50 %, se realiza una segunda votación cuatro semanas después, únicamente con los dos candidatos que obtuvieron la mayor cantidad de Puntos Electorales en la primera votación. En el caso de que haya un empate perfecto o técnico (diferencia menor a 1,0 %) <u>en el segundo lugar en la primera elección,</u> el candidato de esos dos que va a la segunda votación es el que recibió mayor cantidad de votos sin ponderar en la primera votación. Si en la segunda votación la diferencia en el recuento entre ambos candidatos es inferior a 1,0 % de los Puntos Electorales totales, se considera que existe un empate técnico y se declara triunfador al candidato que obtuvo la mayor cantidad de los votos sin ponderar.

- Este sistema electoral es base fundamental de la **meritocracia** porque se valoran los méritos de cada elector para seleccionar los candidatos más idóneos para ocupar los cargos de gobierno. Este sistema de votación universal con ponderación según el nivel de instrucción alcanzado por cada elector es considerado como una **«vacuna sistémica»** contra el populismo que carcome y hace colapsar las democracias.

- El otro uso de ese dígito que indica el Nivel Máximo de Instrucción alcanzado, es a la hora de ocupar un cargo por elección popular o designado por el Presidente de la República:

**Requisitos para ocupar cargos en el Gobierno Civil de la República de VENEZUELA C.A.**

| Cargos: ◊ Por Elección • Designados por el Presidente | Requisitos |
|---|---|
| ◊ Jefe Civil de Parroquia ◊ Concejales ◊ Alcalde | Nivel de Instrucción ❻: Licenciado Mayor de 30 años Sin antecedentes penales |
| ◊ Gobernador ◊ Diputado al Poder Legislativo Estadal • Viceministro • Presidente o Director de Instituto • Directores Regionales de Ministerios | Nivel de Instrucción ❼: Especialidad Mayor de 30 años Sin antecedentes penales |
| ◊ Ministro Regional ◊ Diputado Poder Legislativo Nacional ◊ Juez del Poder Judicial Estadal • Vicepresidente Ejecutivo • Ministros | Nivel de Instrucción ❽: Maestría Mayor de 40 años Sin antecedentes penales |
| ◊ Presidente de la República ◊ Senador Poder Legislativo Nacional ◊ Magistrado del Poder Judicial Nacional | Nivel de Instrucción ❾: Doctorado Mayor de 40 años Sin antecedentes penales |

- Este sistema de votación ponderada por nivel de instrucción tiene, además, la ventaja de ser un importante estímulo para que los ciudadanos se esfuercen para superarse mediante avances en su grado de instrucción. Una vez logrado un nuevo grado académico, el ciudadano debe tramitar una nueva Cédula de Ciudadanía para que su nuevo Nivel de Instrucción quede registrado debidamente en el Registro Nacional de Identidad y en su cédula.

- Al principio a muchos no les gustaba este sistema, porque decían que era discriminatorio; pero ante la demostración y el convencimiento de que <u>el voto universal no asegura la elección de los gobernantes más idóneos</u>, la ciudadanía fue convencida de probar este sistema durante al menos dos períodos constitucionales y para todos los cargos por elección. En el año 10 se realizó un referéndum para decidir si el sistema de votación ponderada se continuaba aplicando o se restituía la votación universal que establece que 1 elector = 1 voto. El referéndum lo ganó la continuación de la votación ponderada con un resultado muy curioso, contrario a lo esperado, porque si el escrutinio del referéndum se realizaba con votación ponderada, la continuidad ganó con 54,27 % de los Puntos Electorales; pero con el escrutinio realizado con votación universal clásica, sin ponderación de los votos, la continuidad ganó con 58,81 % de los votos. Esto indica que los electores con menor nivel de instrucción votaron más a favor de que sus votos pesen menos en las elecciones y los electores con mayor nivel de instrucción votaron más a favor de volver a la votación universal. Sin embargo, esas diferencias no fueron suficientes para voltear el resultado y la continuidad de la elección por votación ponderada quedó definitivamente aprobada.

- **La División Política y la Descentralización:** Así como el país completo se administra como un negocio, porque de hecho ahora lo es; así mismo, cada estado (provincia) y cada municipio del país también es administrado como pequeñas sucursales de la empresa grande que es la República. La República de VENEZUELA C.A. está descentralizada y es administrada con tres niveles de **Gobierno Civil**:

  - **Gobierno Nacional:** Presidencia de la República, Vicepresidencia Ejecutiva, Ministerios, Poder Legislativo Nacional y Poder Judicial Nacional.

  - **Gobierno Regional:** Ministros Regionales, Gobernaciones de Estado, Poder Legislativo Estadal y Poder Judicial Estadal.

- **Gobierno Local:** Alcaldías, Concejos Municipales y Jefatura Civil de las Parroquias.

- Los Gobernadores y los Alcaldes representan al **Poder Ejecutivo** en sus jurisdicciones. Cada uno de los otros poderes de la República (Legislativo y Judicial) también tienen sus órganos estadales correspondientes.

- **Períodos Constitucionales:** La duración del período constitucional de gobierno para todos los niveles y todos los poderes es de cinco años con posibilidad de una sola reelección inmediata para TODOS los cargos por elección. Las elecciones no se realizan el mismo año para todos los niveles, sino que las autoridades se van renovando año a año, desde los niveles inferiores hacia los superiores. Así se evita que el voto en las elecciones de los niveles superiores (Presidencia, Poder Legislativo), arrastre el voto de los niveles inferiores (gobernaciones y alcaldías). Ese calendario sucesivo o escalonado, permite además que una persona que está ocupando un cargo en un nivel, pueda completar su período de ejercicio y luego dispone de un año para postularse como candidato para el nivel inmediatamente superior. Si un gobernante no completa un período constitucional en el ejercicio de un cargo para el cual fue elegido, no puede ser candidato a un cargo en nivel superior.

- Las elecciones para los diferentes niveles del Gobierno Civil se realizan según un calendario fijo, siempre son el primer domingo de diciembre, siguiendo el siguiente orden:

Calendario de elecciones fijas.

| Años terminados en | Nivel de Gobierno | Cargos a Elegir |
|---|---|---|
| 1 y 6 | Local | • Concejo Municipal (Concejales)<br>• Alcaldes<br>• Jefes Civiles del Parroquias |
| 2 y 7 | Estadal | • Gobernadores<br>• Poder Legislativo Estadal (Diputados) |
| 3 y 8 | Regional | • Ministros Regionales |
| 4 y 9 | Nacional | • Diputados y Senadores al Poder Legislativo Nacional |
| 5 y 0 | Nacional | • Presidente de la República |

- Las Consultas o Referéndums se pueden realizar en cualquier fecha del año, evitando dentro de lo posible la coincidencia con días festivos de importancia nacional o religiosa, tales como Navidad, Año Nuevo, Carnavales, Semana Santa o las principales fechas patrias.

- **Economía y Finanzas:** En el República de VENEZUELA c.a. no existen finanzas públicas a la manera tradicional. El Gobierno Civil es el administrador de los bienes de propiedad colectiva y es el responsable de realizar las inversiones y desarrollar las acciones que sean necesarias para garantizar el mejor funcionamiento de la República y la mayor suma posible de bienestar para sus ciudadanos.

- El Poder Ejecutivo Nacional transfiere fondos cada trimestre a cada una de las gobernaciones y alcaldías de todo el país, no solo de acuerdo a la cantidad de habitantes de cada jurisdicción, sino tomando en cuenta las necesidades propias de cada municipio y la generación de ingresos propios de cada alcaldía.

- Los **INGRESOS** que recibe el Poder Ejecutivo Nacional provienen de varias fuentes:

  + **Capital** recibido por la venta de acciones Tipo $\beta$ a inversionistas nacionales e internacionales. Estos recursos se destinaron principalmente a la inversión en activos: infraestructura, sistemas de transporte masivo (ferrocarriles y metros), flota de aviones de pasajeros, edificaciones para el sistema de salud, educativo en todos los niveles, para el desarrollo científico y del turismo. También se utilizó parte de estos recursos en el año 3 para pagar totalmente la deuda externa heredada de la república anterior.

  + **Intereses** generados por los fondos depositados en efectivo en los bancos nacionales y en el exterior, cualesquiera sean las unidades monetarias de esos depósitos.

+ **Capital de Trabajo** equivalente a 10 % del superávit del año anterior, dejado al final de cada año para asegurar la disponibilidad de fondos para cubrir los gastos durante los primeros meses del año siguiente.

+ **Impuestos:** Ingresos percibidos por el organismo recaudador de impuestos nacionales que son dos: el Impuesto Único al Débito Bancario «IUDB» y el Impuesto Aduanal de Importación y Exportación «IAIE».

+ **Regalías:** Son los pagos recibidos de todas las concesiones activas para el manejo, explotación, producción y usos de bienes de consumo y prestación de servicios, tales como la minería; la producción, refinación y comercio de petróleo y sus derivados; extracción, procesamiento y mercadeo de gas natural; generación y distribución de energía eléctrica de cualquier fuente; los ferrocarriles y metros; los aeropuertos y puertos marítimos y fluviales; escuelas, liceos y universidades; operadoras de telecomunicaciones; y otros de menor importancia.

+ **Otros Ingresos** derivados de la prestación de algunos servicios especiales que administra directamente el gobierno.

- Los principales **EGRESOS** de los fondos que administra el Gobierno son para cubrir:

  – Los costos operativos totales de los tres poderes de la República, el **Poder Ejecutivo**, el **Poder Legislativo** y el **Poder Judicial**; incluyendo sueldos, inversiones en infraestructura y equipamiento, viáticos y gastos de mantenimiento, materiales y suministros básicos para el correcto funcionamiento de esos poderes.

  – Inversiones en infraestructuras, tales como vialidad, represas, acueductos, transporte masivo, hospitales, escuelas, liceos, universidades, centros y laboratorios de investigación científica, etc.

- Gastos de mantenimiento de la **Fuerza de Protección y Soberanía «FPS»**: sus sueldos, infraestructuras, equipamiento y materiales para sostenerlas en óptimo nivel operativo para la prestación de sus servicios.

- Fondos transferidos trimestralmente del nivel central a las gobernaciones, alcaldías y parroquias, según la cantidad de ciudadanos registrados como habitantes y las características propias de cada jurisdicción.

• Durante los primeros 30 días de cada año se realiza el cierre contable del ejercicio económico del año anterior y el **Poder Ejecutivo** presenta públicamente ante el **Poder Legislativo** y el **Poder Judicial** el balance de la gestión, detallando los volúmenes de TODOS los ingresos y egresos ocurridos durante el año calendario anterior.

• Del superávit que resulte de la resta de Ingresos menos Egresos se reserva 30 % para ser depositado en el **Fondo Nacional para la Atención de Emergencias «FONAE»** para cubrir cualquier emergencia financiera o de otro tipo de eventualidad que pueda presentarse. Los recursos de FONAE no pueden ser utilizados para cubrir gastos corrientes, son solo para atender emergencias, catástrofes naturales y programas especiales. Se reserva también 10 % como **Capital de Trabajo** para el año que se está iniciando y el restante 60 % de las utilidades se distribuye como dividendo entre TODOS los accionistas, según sea la cantidad de acciones que posea cada uno.

• Estaba previsto que durante los primeros 5 años no se realizaría la repartición de dividendos con el fin de poder realizar la mayor inversión posible en la restauración y construcción de la infraestructura nacional, principalmente vialidad, hospitales y edificaciones con fines educativos. Sin embargo, visto el rendimiento económico de la administración, luego se decidió iniciar el pago de dividendos a partir del año 4 para asegurar que los ciudadanos percibieran y valoraran el rendimiento de sus acciones, antes de que se abrieran las posibilidades de venderlas, cosa que sí se hizo a partir del año 6.

- **Sueldos:** En la República de VENEZUELA C.A. el gobierno no fija un salario mínimo por decreto para ningún trabajo, sino que se deja que el salario se rija por el libre juego de la oferta y la demanda en el mercado laboral.

- **Pensiones:** Todos los hombres al cumplir 60 años y las mujeres al cumplir 55 años automáticamente empiezan a recibir en su cuenta en **BANCVEN** una pensión mensual equivalente al costo de la Canasta Básica para el mes anterior. En la Canasta Básica se incluyen los costos de alimentos, vestido, calzado y medicinas de uso común para una persona de la tercera edad durante un mes. Existe un organismo integrado por 7 especialistas de diferentes universidades venezolanas que en los primeros 10 días de cada mes calcula y publica en costo de la Canasta Básica del mes anterior.

- **Fuerza de Protección y Soberanía «FPS»:** En la República de Venezuela C.A. no se utilizan los términos «militar» o «militares». Lo que antes fueron la Fuerza Armada Nacional, los Cuerpos de Bomberos, Protección Civil y las Policías nacionales y estadales fueron unificadas en la **Fuerza de Protección y Soberanía** que está integrada por <u>funcionarios civiles especialmente formados y capacitados</u> para realizar las tareas de rescate, salvamento, vigilancia, seguridad, defensa, orden e investigaciones criminalísticas.

- En general, la FPS se parece más a un buen cuerpo de bomberos que a un ejército para la guerra. Sin embargo, sí tiene la subdivisión encargada de la vigilancia de fronteras para controlar el contrabando y el ingreso ilegal de inmigrantes. Su equipamiento se basa principalmente en camiones para transporte de personal y equipos, vehículos especiales de rescate, ambulancias, helicópteros de todos los tamaños, embarcaciones fluviales y marítimas, aviones de pasajeros, grandes aviones de carga y algunos aviones de guerra que aún quedan activos. No se tienen tanques de guerra, ni siquiera como piezas de museo o exposición. Todos los tanques, la mayoría ya inútiles, fueron fundidos como chatarra en la Siderúrgica del Orinoco.

- La Fuerza de Protección y Soberanía tiene las siguientes divisiones:

    — División de Rescate y Salvamento «DRS» (= Bomberos + Protec. Civil).
    — División de Seguridad y Defensa «DSD» (= Ejército + Marina + Aviación).
    — División de Control y Orden «DCO» (= Guardia Nacional + Policías).
    — División de Investigaciones Criminalísticas «DIC» (= CICPC + SEBIN).

- Los funcionarios activos en la **Fuerza de Protección y Soberanía**, cualquiera sea su división de adscripción, sí tienen derecho al voto, pero no pueden participar en actividades políticas y partidistas. La República invierte una gran cantidad de recursos en la formación y capacitación de estos funcionarios y por eso, mientras estén como funcionarios activos en la FPS no pueden pasar a ocupar cargos en otras dependencias del Gobierno. Debe transcurrir un lapso mínimo de un (1) año después de la fecha de retiro del servicio activo en la FPS para poder ocupar cargos en el Gobierno. Este lapso es para evitar la fuga de talentos, evitando que los funcionarios activos soliciten la baja o retiro para ocupar inmediatamente un cargo en el gobierno, sea este por designación o por elección. Los violadores de estas normas son objeto de severas penalizaciones en las puntuaciones de mérito, con lo cual se les retrasan, suspenden o hasta se le pueden revocar los ascensos.

## METAMORFOSIS PROFUNDA

- VENEZUELA vivió una transformación absoluta y profunda que sacó el país de la ruina económica, física y social en que lo dejó la dictadura narco-socio-comunista, sin olvidar la ayuda de sus «prosti-políticos», para convertirlo en un país próspero, rico de verdad, un país no solo de habitantes felices, sino de verdaderos PROPIETARIOS, con elevados estándares de bienestar socioeconómico, educativo, ambiental y de seguridad ciudadana y patrimonial. Esa metamorfosis fue ampliamente difundida en el mundo por los medios de comunicación masivos y redes sociales.

- Ahora todos los ciudadanos venezolanos son propietarios de su país y de sus recursos; son verdaderos dolientes y se fueron convirtiendo en supervisores y contralores de la gestión de los gobernantes, así como de quienes son beneficiarios de las concesiones para explotación de recursos naturales.

- Antes de cumplir sus primeros 20 años la República de VENEZUELA C.A. se fundaron dos nuevas repúblicas-empresas en el mundo, la primera en Latinoamérica, en la misma región de VENEZUELA, y la segunda en Europa del Este, en un país que quedó devastado después de una guerra reciente. Luego en la siguiente década se fundaron cinco nuevas repúblicas-empresas siguiendo el modelo de VENEZUELA. El buen ejemplo cundió aceleradamente y surgieron nuevas **Repúblicas C.A.** en todo el planeta.

- En el año 33 de la República de VENEZUELA C.A. cayó el último bastión del comunismo en el mundo, no quedó ningún país dominado por un régimen de corte comunista. Fueron surgiendo variaciones del modelo de República-Empresa. Muchos países no se transformaron en empresas, se mantuvieron como Repúblicas tradicionales basadas en la democracia, pero reformaron sus sistemas electorales para «vacunarse» contra el populismo, incluyendo la votación ponderada por nivel de instrucción, utilizando diferentes escalas de ponderación, se prohibió el uso de sistemas electrónicos en las votaciones y en sus escrutinios, y se fueron estableciendo mayores requisitos para poder ser candidato a los cargos públicos.

- La transformación de simples habitantes del país para convertirlos en accionistas o propietarios, con beneficios sólidos y tangibles para cada ciudadano, generó un cambio profundo en la población que se transformó en una verdadera **SOCIEDAD**, con mayor sentido de pertenencia, mejor autoestima, amor patrio, moral y responsabilidad ciudadana. Se desarrollaron intensas campañas de educación a través de los medios masivos sobre la ética, la salud, la atención de infantes y adultos de la tercera edad, el cuidado del ambiente y fomento a las buenas costumbres.

- Simultáneamente se realizaron grandes esfuerzos para la búsqueda, captura y enjuiciamiento de los corruptos, narcotraficantes, secuestradores, guerrilleros, violadores y asesinos. Se pagaron cuantiosas recompensas no solo por la información que condujera a la captura de los delincuentes fugitivos que estaban siendo solicitados; sino también por las denuncias de delitos y delincuentes que resultaran ciertas y comprobadas. En un lapso de diez años el país quedó saneado profundamente de los principales males que fueron el verdadero legado del «Comandante Ariete» y del socio-comunismo: la subversión, el narcotráfico, la corrupción, el secuestro, las violaciones, la extorsión y muchos otros que hicieron colapsar y sucumbir el gran país que existió antes.

- En sus primeros 10 años la nueva **República de VENEZUELA c.a.** ya se había convertido de nuevo en un atractivo destino, no solo para turistas del mundo entero, sino también para inversionistas, grandes empresas tecnológicas, talentos, mano de obra calificada (profesionales) y no-calificada (obreros) que vinieron a establecerse y a trabajar por el futuro de SU PAÍS, porque luego de 10 años de residencia y trabajo en el país, los inmigrantes pueden optar a la nacionalización y de esa manera recibir su porción de 500 acciones como «propietarios» del nuevo país.

- Uno de los problemas que surgieron fue que con los relativamente altos niveles de ingresos de toda la población, muy pocas personas querían laborar en los trabajos más fuertes, peligrosos, difíciles o desagradables, tales como recogedores y cargadores de basura del aseo urbano, limpiadores de cañerías o trabajadores para el mantenimiento de tendidos eléctricos de alta tensión, por nombrar solo tres. Fue necesario mejorar significativamente los salarios de esos trabajadores y para algunas áreas laborales como la agricultura fue necesario establecer programas especiales para la captación de inmigrantes desde otros países para cubrir las necesidades de mano de obra de VENEZUELA. Afortunadamente, dada la buena fama de la nueva república, sobraban aspirantes para venir a residenciarse y trabajar en VENEZUELA.

- Durante la dictadura narco-socio-comunista el país dejó de ser uno de los países con mayor recepción de migrantes para convertirse en el mayor emisor de emigrantes en América. Ahora, con el nuevo modelo de República que es en sí misma una gran empresa privada, el país no solo atrajo el retorno de sus nacionales que habían emigrado; sino que se transformó de nuevo en un polo de atracción a nuevos inmigrantes. En poco tiempo fue necesario establecer políticas más estrictas para la selección y recepción de potenciales inmigrantes. Sin embargo, el acelerado crecimiento del desarrollo agropecuario e industrial hizo necesario el establecimiento de políticas de captación internacional de mano de obra capacitada y también fuerza bruta de trabajo originaria de otros países. De Ucrania y Rusia vinieron muchos inmigrantes para trabajar en los campos, en los sistemas de producción agrícolas.

- Las tasas de emigración disminuyeron significativamente hasta estabilizarse en alrededor de 0,40 % anual de los ciudadanos nacionales y algo más para los extranjeros que eran residentes del país. Por su parte, la tasa de retorno al país de quienes habían emigrado se incrementó y de un total de 5 747 590 ciudadanos venezolanos que estaban residiendo en el exterior al iniciarse la República de VENEZUELA c.a., esa cantidad continuó incrementándose durante los primeros 3 años, pero luego fue disminuyendo aceleradamente hasta quedar solo 334 743 venezolanos residiendo en el exterior en el año 20 de la República C.A.

- **La «Singapur» de América Latina:** En el mundo se hablaba y se escribía mucho sobre los cambios que estaban ocurriendo en el país y en los medios internacionales los comunicadores se referían a VENEZUELA como el fenómeno del «Singapur Latinoamericano». Sin embargo, la forma como se lograron los cambios en VENEZUELA fue diferente a Singapur. Empezando por que en VENEZUELA no se aplicó la pena de muerte a nadie, lo que hizo cambiar el país fue la aplicación y el respeto por la JUSTICIA bien administrada y el empoderamiento de TODOS los ciudadanos al convertirlos en verdaderos PROPIETARIOS del país... cumpliendo el lema de la primera campaña del Presidente Fundador: *¡Por un país de propietarios!*

- El **Presidente Fundador** cumplió su período de Gobierno y aunque él no quería continuar como Presidente y lo había dicho públicamente, la ciudadanía por aclamación prácticamente lo obligó a postularse para un segundo período y lógicamente arrasó, resultando electo con 96,77 % de los Puntos Electorales emitidos. Parece difícil de explicar que 3,23 % de los electores no votaron por la reelección.

- Cumplido el segundo período de 5 años, para el tercer período fue electo como Presidente un economista que había ocupado la Vicepresidencia Ejecutiva durante el primer período, reconocido como el ideólogo del modelo de la **República de VENEZUELA C.A.** Si bien este economista era un declarado partidario del anarco-capitalismo, para la aplicación de sus ideas fueron necesarios algunos ajustes importantes propuestos por el Presidente Fundador para asegurar el cumplimiento de la responsabilidad social de la República. Este segundo Presidente también se desempeñó muy bien y fue reelecto para un segundo período consecutivo. Luego, para el 5° período constitucional fue electa como Presidenta la doctora en derecho penal y defensora de los derechos humanos que fue Presidenta del Poder Judicial durante los dos primeros períodos de la República de VENEZUELA c.a. que fue cuando se reinstitucionalizó la administración de Justicia y se logró capturar, enjuiciar y castigar con largas condenas de prisión y expropiación de los capitales robados a la nación o producto del narcotráfico, a los delincuentes que habían acabado con el país y a muchos delincuentes de todo tipo.

- **Partidos Políticos:** Los partidos políticos siguen existiendo como ejercicio de las libertades de pensamiento, de expresión y de asociación con fines lícitos; sin embargo, su capacidad de influir en los ciudadanos quedó seriamente mermada por el desprestigio sufrido por el papel que jugaron en el pasado en el sostenimiento de la dictadura narco-socio-comunista que acabó con el país. Muchos de quienes fueron «líderes» y «candidatos» en aquellos tiempos nefastos, desaparecieron de la vida pública, se dedicaron a otras actividades o se radicaron fuera del país.

- Los partidos perdieron el protagonismo que tenían en el pasado, ahora no son los únicos que eligen o designan internamente quiénes son los candidatos a cualquier cargo: aunque sí pueden postular sus candidatos y hacer campaña, casi siempre tienen mayor proyección y posibilidades los candidatos que hayan sido postulados por **iniciativa propia.**

## CONCLUSIONES

- La sostenibilidad de cualquier sistema es como una mesa triangular con tres patas que son: la **viabilidad económica**, el **bienestar social** y la **armonía con el ambiente**. Si alguna de esa tres patas falla, la mesa se cae... ¡se pierde la sostenibilidad!

- Los sistemas económicos, sociales y políticos tienen que evolucionar hacia modelos que sean menos depredadores del ambiente y que produzcan mayor bienestar a la población. Dicho en otras palabras, que sean verdaderos **sistemas sostenibles**.

- Para tratar de aproximar a la realidad la visión que se presenta en este libro para construir una república-empresa, es necesario profundizar en muchos detalles de su diseño que no fueron descritos en este libro para no hacer su lectura demasiado tediosa y que los lectores dejaran de leerlo. Por encima de todo, el propósito de un libro es que quienes lo empiecen a leer, lo hagan hasta el final.

- En cualquier caso, la tarea de transformar un país debe ser un propósito colectivo, asumido con todas las fuerzas de la voluntad, con determinación y con coraje para enfrentar y vencer las dificultades. Para ello se requiere de un liderazgo honesto que con ética, transparencia y coherencia pueda coordinar y dirigir los esfuerzos de transformación hasta lograr la meta que no debe ser otra que «*la mayor suma de bienestar para la población*».

- ¿Es acaso imposible esa República de VENEZUELA c.a. ?

- Meditemos, analicemos, compartamos y... ¡Actuemos!

# EPÍLOGO

El Libertador Simón BOLÍVAR en carta al general SANTANDER en 1820 le ordenó aplicar *«Audacia en el plan y prudencia en su ejecución»*. También pudiera actuarse al contrario, con prudencia en el diseño del plan y audacia en su aplicación. Lo importante es saber combinar en sus justas medidas la audacia con la prudencia, el coraje con la inteligencia, la sabiduría con la experiencia. No solo para los líderes individualmente, sino también cuando se actúa colectivamente.

El relato presentado en este libro no es una predicción surgida del esoterismo, ni tampoco es un pronóstico técnico para el futuro. Es solo una visión del futuro surgida de muchas horas de insomnio invertidas en la meditación sobre el futuro. Algunas ideas se han reunido y se presentan con la intención de que sirvan como asideros, como fuentes de inspiración o portales para avanzar en la ruta de diseñar el plan de acción que nos conducirá a la construcción de un nuevo país y un mejor futuro para todos sus PROPIETARIOS.

Es importante tener la certeza, estar convencidos, de que el futuro sí es posible diseñarlo, planearlo y lograrlo, aunque no sea exactamente igual al descrito en este sencillo libro.

Gracias por leerlo y si quieres escribirme con alguna opinión o sugerencia, aquí te dejo mi correo electrónico:

*Antonio Jota*

Dr. Antonio J. GONZÁLEZ-FERNÁNDEZ
angonfer@Gmail.com
Guanare, 24 de abril de 2022

## ¿Una guía para el futuro?

# OTRAS PUBLICACIONES DEL AUTOR

## Antonio J. González-Fernández®

DISPONIBLES EN

☐ **LIBROS DIGITALES O EBOOKS PARA KINDLE®**

González-Fernández, Antonio J. 2015. **La América que murió en Berruecos: ¡La historia del futuro perdido!** Novela de aventura histórica.
*www.amazon.com/dp/B071JKX9VG*

González-Fernández, Antonio J. 2015. **Chiwiiri y Koonam: Leyenda Panare.**
*www.amazon.com/dp/B01O60SSNE*

González-Fernández, Antonio J. 2018. **El Tesoro de Cartagena de Indias de 1815.** Novela de aventura histórica.
*www.amazon.com/dp/B07FK53678*

González-Fernández, Antonio J. 2019. **El Secreto del Pentágono en la Selva Amazónica.** Novela de ciencia ficción.
*www.amazon.com/dp/B07Y28MX36*

González-Fernández, Antonio J. 2020. **CANDADO: Un alma noble en el cuerpo de un gran perro.** Novela breve.
*www.amazon.com/dp/B08GRZYDBG*

González-Fernández, Antonio J. 2020. **La Evolución es D. I. O. S.: ¡No hay dilema!** Ensayo de Ciencia.
*www.amazon.com/dp/B08HXPHNH5*

DocDigOri. 2020. **La Huella de Antonio J. González-Fernández: Biografía y Bibliografía.**
*www.amazon.com/dp/B08LY8JT7X*

González-Fernández, Antonio J. 2022. **La República de VENEZUELA c.a.: ¿Una guía para el futuro?** Ensayo de Política, Economía y Libertad.
*www.amazon.com/dp/B09ZSVR2H2*

## ¿Una guía para el futuro?

### ◼ LIBROS IMPRESOS

#### • Trabajos técnicos y científicos:

González-Fernández, Antonio J. 2014. **Sistema alimentario de una comunidad indígena Panare o E'ñepa del río Maniapure, estado Bolívar, Venezuela.** Tesis doctoral. Dos ediciones:
www.amazon.com/dp/1500589071 (tamaño carta)
www.amazon.com/dp/1500616923 (tamaño ½ carta)

Olmos Yatsing, Melva H. y González-Fernández, Antonio J. 2015. **Refugio Privado de Jaguares Silvestres de El Baúl: Diseño físico y descripción de hábitats.** Tesis de Maestría.
www.amazon.com/dp/151433769X

González-Fernández, Antonio J. 2017. **Depredación de ganado por jaguares y pumas en el Llano boscoso de Venezuela.** Tesis de Maestría.
www.amazon.com/dp/1544160550

Correa-Viana, Martín; Correa Rodríguez, Mitzha y González-Fernández, Antonio J. 2019. **Morfometría, peso y apariencia de excretas del Venado Caramerudo (*Odocoileus virginianus*) de Venezuela.**
www.amazon.com/dp/1086459032

#### • Obras Literarias (Novelas, relatos, ensayos, cuentos, poemas, etc.):

González-Fernández, Antonio J. 2015. **La América que murió en Berruecos: ¡La historia del futuro perdido!** Novela de aventura histórica.
www.amazon.com/dp/1542671426 (en blanco y negro)
www.amazon.com/dp/1542669030 (a todo color)

González-Fernández, Antonio J. 2015. **Chiwiiri y Koonam: Leyenda Panare.**
www.amazon.com/dp/1514639882

González-Fernández, Antonio J. 2017. **Inspiraciones y ocurrencias de un cibernauta.** Compendio de publicaciones del autor en sus redes sociales.
www.amazon.com/dp/154277831X

González-Fernández, Antonio J. 2018. **El Tesoro de Cartagena de Indias de 1815.** Novela de aventura histórica.
www.amazon.com/dp/197691423X

González-Fernández, Antonio J. 2019. **El Secreto del Pentágono en la Selva Amazónica.** Novela de ciencia ficción. Dos ediciones:
www.amazon.com/dp/169355089X (en blanco y negro)
www.amazon.com/dp/B07Y4MRQJ5 (a todo color)

González-Fernández, Antonio J. 2019. **La Tridimensionalidad del Tiempo.** Ensayo de Ciencia.
www.amazon.com/dp/1710670061

GONZÁLEZ-FERNÁNDEZ, Antonio J. 2020. **#SomosVencejos: Filosofía para vivir volando.** Relato.
*www.amazon.com/dp/1661116477*

GONZÁLEZ-FERNÁNDEZ, Antonio J. 2020. **#UnPájaroCanta: Filosofía para vivir cantando.** Relato.
*www.amazon.com/dp/B084QKX7MF*

GONZÁLEZ-FERNÁNDEZ, Antonio J. 2020. **CANDADO: Un alma noble en el cuerpo de un gran perro.** Novela breve.
*www.amazon.com/dp/B08GTMK4Q6* (en blanco y negro)
*www.amazon.com/dp/B08GLQXQ37* (a todo color)

GONZÁLEZ-FERNÁNDEZ, Antonio J. 2020. **La Evolución es D. I. O. S.: ¡No hay dilema!** Ensayo de Ciencia.
*www.amazon.com/dp/B08HW4F4M4* (a todo color)

GONZÁLEZ-FERNÁNDEZ, Antonio J. 2021. **¡Una Revelación!: Fecundación por Combinación Complementaria de Cromosomas.** Ensayo de Ciencia.
*www.amazon.com/dp/B095GS5PZ3*

GONZÁLEZ-FERNÁNDEZ, Antonio J. 2022. **La República de VENEZUELA c.a.: ¿Una guía para el futuro?** Ensayo de Política, Economía y Libertad.
*www.amazon.com/dp/B0B14N23ST (carátula dura en color Premium)*
*www.amazon.com/dp/B0B1486PLK (carátula blanda a todo color)*
*www.amazon.com/dp/B09ZCL1B5T (carátula blanda en blanco y negro)*

● **Publicaciones de otros géneros:**

GONZÁLEZ-FERNÁNDEZ, Antonio J. 2017. **Álbum Fotográfico VENEZUELA.** Serie ¡Venezolanísimo!
*www.amazon.com/dp/1979070377*

GONZÁLEZ-FERNÁNDEZ, Antonio J. 2019. *Perpetual Rational Calendar: Adapting our life rhythm to the natural cycles of the Sun and the Moon.*
*www.amazon.com/dp/1687141509*

GONZÁLEZ-FERNÁNDEZ, Antonio J. 2017. *Platonic Polyhedrons:* **Poliedros Platónicos.** Geometría Sagrada.
*www.amazon.com/dp/1978340435*

GONZÁLEZ-FERNÁNDEZ, Antonio J. 2021. **Mi Chinchorro de Moriche: Poemas, cuentos, leyendas, letanías, adivinanzas y otras inspiraciones.** #PoemasCuentosyRelatos.
*www.amazon.com/dp/B08JKXFDSB*

GONZÁLEZ-FERNÁNDEZ, Antonio J. 2021. **MahJong – Sistema SENFÁ RALÓDIV: Sencillo, Fácil, Racional, Lógico y Divertido.** Entretenimientos #1.
*www.amazon.com/dp/B093JSXRQ5*

González-Fernández, Antonio J. 2021. **MahJong del Sistema SENFÁ RALÓDIV: Planilla para anotar puntuación, Tablas de Valores y de Manos Especiales.** Entretenimientos #2.
*www.amazon.com/dp/B0953BR7C1*

## ◻ PUBLICACIONES COMO EDITOR:

Fernández-Yépez, Agustín. 1970. **Tesoro Essequibo.** Novela breve. Dos ediciones:
*www.amazon.com/dp/1515112276* (Estilo Original)
*www.amazon.com/dp/1515139700* (Estilo Moderno)

Fernández-Yépez de González Oria, María J. 1970. **Canto Criollo a Carabobo.** Poema Épico.
*www.amazon.com/dp/1500638102* (Impreso)
*www.amazon.com/dp/B010BUDBFO* (eBook)

Fernández-Yépez de González Oria, María J. 2017. **El Jardín de los Pájaros: Un compendio de vivencias inolvidables.** Relatos.
*www.amazon.com/dp/1543196020*

González-Fernández, José F. 2017. **CUNDEAMOR: Canciones y Poemas Llaneros.** Poemario.
*www.amazon.com/dp/1979291632*

Fernández-Yépez de González Oria, María J. 2019. **Zoológico Infantil.** Poemario Ilustrado.
*www.amazon.com/dp/107741806X*

Esta obra se escribió en
**Guanare, Estado Portuguesa, VENEZUELA,**
entre el 24 de abril y el 3 de mayo de 2022;
fue editada por

especialmente para

donde fue publicada el 6 de mayo de 2022.

Está disponible en
**Edición de Lujo** en color *Premium*, con carátula dura, en
*https://www.amazon.com/dp/B0B14N23ST*

**Edición Especial** A TODO COLOR en
*https://www.amazon.com/dp/B0B1486PLK*

**Edición Económica** (blanco y negro) en
*https://www.amazon.com/dp/B09ZCL1B5T*

y en edición como **Libro Digital** o *eBook* en
*https://www.amazon.com/dp/B09ZSVR2H2*

Para conocer otras publicaciones
del mismo autor visita su página en Amazon®
*https://www.amazon.com/author/antoniojotagonzalez-fernandez*

Si desea enviar alguna opinión, comentario,
sugerencia o consulta al autor o a los editores,
hágalo al correo
*DocDigOri@gmail.com*

*¡Muchas gracias!*

www.ingramcontent.com/pod-product-compliance
Lightning Source LLC
Chambersburg PA
CBHW070258220526
45465CB00004B/1656